海伦话出版
——一位女出版人二十年的中外出版视野

孙赫男 ◎ 著

中央编译出版社
Central Compilation & Translation Press

图书在版编目（CIP）数据

海伦话出版：一位女出版人二十年的中外出版视野／孙赫男著．—北京：中央编译出版社，2022.12
　　ISBN 978-7-5117-4070-0

Ⅰ.①海… Ⅱ.①孙… Ⅲ.①出版业–世界–文集 Ⅳ.①G239.1-53

中国版本图书馆 CIP 数据核字（2021）第 237707 号

海伦话出版：一位女出版人二十年的中外出版视野

责任编辑	李媛媛　彭永强
责任印制	刘　慧
出版发行	中央编译出版社
地　　址	北京市海淀区北四环西路 69 号（100080）
电　　话	（010）55627391（总编室）　　（010）55627310（编辑室）
	（010）55627320（发行部）　　（010）55627377（新技术部）
经　　销	全国新华书店
印　　刷	北京印刷集团有限责任公司印刷一厂
开　　本	710 毫米×1000 毫米　1/16
字　　数	110 千字
印　　张	8.5
版　　次	2022 年 12 月第 1 版
印　　次	2022 年 12 月第 1 次印刷
定　　价	68.00 元

新浪微博：@中央编译出版社　　　微　　信：中央编译出版社(ID: cctphome)
淘宝店铺：中央编译出版社直销店(http://shop108367160.taobao.com)　　（010）55627331

本社常年法律顾问：北京市吴栾赵阎律师事务所律师　　闫军　梁勤
凡有印装质量问题，本社负责调换，电话：（010）55626985

谨以此书送给倾尽全力助我求学的爸妈,以及让我人生幸福的老苏和两个儿子。

序

陈 丹

  与孙赫男老师初识,还是在 2006 武汉大学首届数字时代出版产业发展与人才培养国际学术研讨会上,她用流利的英文做了一个非常精彩的报告,给我留下了深刻的印象。转眼之间,已经十几年了,在我眼里,她好像没什么变化,一直是那么睿智、开朗、豁达且富有创见,一直是那个不知疲倦地播撒数字出版理念的先行者。

  孙老师是个对出版行业充满热爱的国际学者,她不仅是著名的数字出版专家,还是工作在出版第一线的实践者,创办了英捷特数字出版技术公司,在伦敦书展上获得了第一个数字出版国际奖项,获得年度数字出版人的荣誉,在北京印刷学院作为副教授和硕士导师鼓励年轻的出版人热爱这个行业,现在又在著名的牛津大学出版社做中国分公司的首席内容官,策划的《牛津英语话中国》获得 ELTONS 提名奖。

  孙老师从在英国留学时就笔耕不辍,她毕业于人民大学新闻系,文笔犀利,铿锵有力,可以把学术论文写得一气呵成,让人从头读到尾无有停顿。她的研究观点始终保持在产业前沿,国际出版管理、数字出版、大数据、人工智能,她是行业新知的探索者和传播者,她的观点具有普遍的预见性,本书收录的一些论文是她十多年前所著,却可以在目前的出版业实践中得以印证。

《资本搅动国际传媒业洗牌》，2007年发在《中国图书商报》头版，当时教育出版如日中天，西方四家主要出版集团却对其教育分支进行了抛售，孙老师以详尽的事实论述，指出了教育出版发展的隐忧和专业出版将在数字出版时代的爆发。而之后的数字出版时代的发展，印证了她的观点。

《亚马逊：出版业昨日的甜点，明日的毒药?》是2009年在亚马逊成为主要图书渠道之后发表的论文，在繁花似锦中，指出了网络电商取代地面书店，让亚马逊成为最后一个展示全线图书的空间，也许会是行业饮鸩止渴的唯一选择，对行业未来发展带来巨大挑战。

《电子书：车里的汽油还是瓶里的美酒?》也是2009年在英国出版业数字产品销售收入增长迅速之际，对出版业的未来发展提出了大胆预测，还介绍了数年后才广为人知的开放获取模式。

《出版进入Twitter时代?》也是在2009年对如何让出版和社交平台结合进行了研究和探索，提出了出版业在Web 2.0时代如何进行发展的新视野。

《信息爆炸时代的个性化阅读服务》是一篇充满预见性的论文，建议建立阅读引导服务，包括个人阅读顾问服务和时尚阅读流服务，今天的明星直播充分印证了这种传播模式的有效性，而孙老师写作这篇论文的时间是十多年前。据孙老师后来介绍，这篇文章是她在英国大学任教期间写作的最后一篇论文，也是她决定回国投身火热的数字出版产业的出发点。纵观孙老师在英国期间的作品，包括《英国循环教材选用教师说了算》《Blackwell的"咖啡机"仍需时日》等，都是用她敏锐的行业触角，发现体现未来发展趋势的现象，并且将这些现象背后体现的行业发展方向，条理清晰、事实详尽地表达出来，供国内外学者参考。

2009年10月，孙老师回到中国工作，任职北大方正网络技术有限公司总编，开始运营最大的电子书平台番薯网。在奋战在产业一线的同时，她作为最早的一批数字出版学者，开始为全国出版人员进行数字出版方面的培训，今天她的数字出版课程仍然是出版继续教育课程的一部分。这个时期，她创作了数字出版科普文章，包括《数字出版不是数字化出版》《数字图书馆：远离喧嚣的盈利高手》，向中国出版人介绍数字出版这个新兴概念。

2011年秋天，孙老师加入北京印刷学院，成为我的同事，作为学校数字出版研究团队的骨干，在新的环境下，她又发表了《图书馆采购的三大趋势》《数字时代的期刊业：一半火焰一半海水》《出版业的第三次革命》《初始阶段的最后时刻——构建盈利的国际化数字出版》《论数字出版的稳定模式》等学术文章，及时总结数字出版发展的最新情况，为行业提供可参考的模式；另一方面，她充满激情的授课，让很多出版专业的学生受到鼓舞，得到启发。

从2012年开始，孙老师同时在传媒大学做出版学研究，她开始关注数字出版领域的版权问题，创作了《数字时代的多维版权体制建立浅析》《自出版在传统与数字出版业态中的发展状况及对策分析》《大数据时代的微版权战略》《张开双手，你将获得更多》等细致剖析数字出版时代版权问题的文章，并且首次提出了"微版权"的概念，并且通过实践，研发了对内容微版权进行管理的软件系统。2018年，孙老师作为我校出版人工智能实验室的负责人，发表了《人工智能技术与学术和专业出版的融合发展》。

2018年，她决定去牛津大学出版社中国公司任职首席内容官。她说，通过多年的数字出版技术实践，发现技术不是解决问题的关键。内容为王，好的内容，技术是最好的助力，可以挖掘内容最大的价值，获得最广泛的传播，但是往往我们解决了技术问题，却发现内容不够好，所以她去做内容了。2021年她策划的《牛津英语话中国》就获得了EL-

TONS 提名奖，这是中国出版的图书首次获奖。

  孙老师常说，她就是在出版行业长大的，她深深热爱这个行业。我也为能和孙老师这样的同事、朋友一起工作，一起奋斗过感到骄傲和自豪。希望她在今后的岁月里继续绽放活力，播撒智慧，感染更多的年轻人一起为我们钟爱的出版事业奋斗！

目 录
CONTENTS

资本搅动国际传媒业洗牌 ····· 1

英国循环教材选用教师说了算 ····· 8

Blackwell 的"咖啡机"仍需时日 ····· 13

亚马逊：出版业昨日的甜点，明日的毒药？ ····· 16

电子书：车里的汽油还是瓶里的美酒？ ····· 19

出版进入 Twitter 时代？ ····· 22

信息爆炸时代的个性化阅读服务 ····· 25

数字出版不是数字化出版 ····· 28

数字图书馆：远离喧嚣的盈利高手 ····· 31

图书馆采购的三大趋势 ····· 41

数字时代的期刊业：一半火焰一半海水 ····· 44

出版业的第三次革命 ····· 50

初始阶段的最后时刻——构建赢利的国际化数字出版 ····· 60

论数字出版的稳定模式 ····· 70

2013年出版趋势初步预测 ………………………………… 73

数字时代的多维版权体制建立浅析 ……………………… 77

自出版在传统与数字出版业态中的发展状况及对策分析 …… 88

大数据时代的微版权战略 ………………………………… 97

张开双手，你将获得更多 ………………………………… 105

2014，圆梦数字出版 ……………………………………… 109

英捷特发布"出版科技生态环境"新理念助推出版企业转型升级 … 111

人工智能技术与学术和专业出版的融合发展 …………… 113

如何出版寓教于乐的家庭教育产品

——通过有趣故事，培养自主学习 ……………………… 121

资本搅动国际传媒业洗牌

8月1日，默多克掌控的新闻集团正式入主道琼斯公司。尽管经历了一波三折，但资本最终再次显示出无可抗拒的诱惑力，成为国际传媒市场最有力的搅动棒。

道琼斯收购案让自2006年开始的国际媒体业并购掀起了一个新的高潮。传统媒体到数字媒体的转轨给新闻出版行业带来了新的工作模式和商机，传媒业也由此成为国际资本市场的宠儿。去年年底到今年年初，掌控着西方教育出版市场主要份额的几大教育出版机构纷纷挂牌待售，如今短短半年，这些待价而沽的巨头公司都已经贴上"已售"的标记。今年3月，威科教育出版分支 Nelson Thrones 被私人股权资本公司 Bridgepoint 收入囊中，售价高达7.5亿欧元；5月，先是励德·爱思唯尔的哈考特教育英国部分以4.7亿英镑归属培生，后汤姆森学习以超过预期价格50%的高价77.5亿美元成交，购买者是私人股权资本公司 Apax Partners 和 OMERS Capital Partners；7月17日，哈考特教育美国部分又以40亿美金卖给了 Riverdeep……

忍痛割爱还是及时抽身？

市场上交易的频繁，买方与卖方缺一不可。从卖方来看，出版集团对于核心战略的调整是各卖家出售的主要原因。数字出版的巨大魅力改变了出版业的传统运行方式，在数字出版领域取得了先发竞争优势的大集团，都纷纷将主要精力投入到数字出版上，力图在从出版到服务的跨越中占得先机。

数字出版到底有哪些引人之处？传统出版的流程是先付出、后回收，而且这个周期可能长达数年，甚至数十年。出版的过程中充满不稳定因素，对印数、价格的控制很大程度上取决于决策人的经验。也就是说，出版社所获得的经济回报，很大程度是建立在资本的长期投入和经验预测上。从美国经济大萧条时期就建立起来的寄销制度，更成了出版社挥之不去的梦魇。

然而数字出版却并非如此。专业数字出版，包括科技、医药、金融等，已经从信息提供方式的数字化过渡到了信息服务阶段，"读者"的概念已经转换成"用户"，资金的回收方式也从售出结款变成了预付订阅，这使得出版社可以量入为出，而且省去了很多中间环节，用户基础稳定，利润可以预期。目前以 B2B 为主的客户群让上市公司的投资人更有信心。

教育出版曾经是出版业的宠儿，有着稳定的市场、庞大的读者群，有针对性的营销对象。但是相对于专业数字出版服务，教育出版已经魅力不再。由于西方学校教材的资金由政府提供，教育出版的数字化进程受到政府预算和决策的影响，在促进政府决策的同时，出版商还要维护庞大的销售代表队伍，投入大批资金进行教学支持，以求突破最后的

"守门人"——学校的老师。在教育出版实现数字化之前，同时运行教育出版和专业出版的出版集团要驾驭两个不同的领域，二者的差异性也导致许多集团管理资源分散，管理成本上升。教育出版业面临着抉择，以培生、牛津大学出版社为首的优势集团继续将教育出版作为主要目标，促进英美政府的教育数字化决策，并与政府签订了相关协议。而汤姆森、励德·爱思唯尔、威科这些已经在专业出版领域中取得主导地位的集团，决定从教育市场撤出，集中精力和财力，强化专业数字信息服务的领导地位。

汤姆森在售出汤姆森学习之后，用回收的资金成功并购了路透社，整个集团更加坚定有力地走在了专业数字化服务的高速公路上；培生从出售提供政府服务的 Government Solutions 中套现 5.6 亿美金，又成功购入哈考特教育和远程教学公司 eCollege，为教育出版的数字化增强了实力。

全心经营抑或资本游戏？

在错综复杂的兼并、收购中，买家大致可以分为两类：行业内买家和私人股权资本公司。

目前国际出版行业主要的扩张方式，并不是通过有机成长，而是通过收购合并。培生集团以 4.7 亿英镑购买了励德·爱思唯尔的哈考特教育，从而取得了英国教育市场 23% 的市场份额，超过牛津大学出版社和早前被私人股权资本公司并购的 Nelson Thornes，成为市场份额最大的教育出版社。

培生教育的 CEO 约翰·弗龙（John Fallon）说，"教育出版是一个竞争激烈的充满活力的市场，有很多的参与者，而且进入门槛低"。这些同行之间的购买行为，意味着资源的整合。

行业内买家在竞购中的优势使他们提出的并购方案往往能够切中要害，对卖家具有更大的吸引力，默多克能够顶住提价压力，以56亿美元的报价得到道琼斯董事会的认可，很大程度上归功于他的并购计划。默多克看到了《华尔街日报》网络版的困境，提出了在此基础上投资发展Sky Business，将网络形式多媒体化的解决方案，进一步开发了知识产权的价值。这些精到的计划，不是只依靠金钱就能获得的，更需要丰富的业界经验。

另一方面，业内并购对卖家管理层人员的处理也能够人尽其能，有的管理层甚至可以因祸得福，升级到合并之后大集团的管理层。比如路透社的总裁汤姆·格罗瑟（TomClocer）就将成为汤森路透的总裁，而汤姆森的总裁理查德·哈林顿（Richard Harrington）将退休。道琼斯旗下《华尔街日报》的执行主编彼得·斯腾（Paul Steiger）将出任新闻集团董事。

除了投资的风险，行业内并购的一个重要的影响因素就是关于反垄断的条款。比如培生的并购，就必须建立在并购后市场份额不超过25%这一限制的基础上。培生本来瞄准的是三家待售教育出版社中最小的Nelson Thornes，但是在竞购中不敌实力雄厚的私人股权资本公司，只能转向稍大的哈考特教育。正因为如此，培生目前不得不暂时推迟整合计划，要接受公平竞争办公室的调查，以保证此交易不会超过小学教育出版和中学教育出版的25%市场份额。公平竞争办公室会征集相关各方意见，相信牛津大学出版社和Nelson Thornes绝对不会让培生舒服地把这个第一的位置收入囊中。公平竞争办公室的考察要点首先是收购是不是一个"相关合并的情况"，如果是，那么会不会导致英国市场"持续增加的竞争"，是不是符合相关竞争条款。

私人股权资本是目前操纵着并购的又一主要资金来源，这类买家掌控着资本的投资公司，他们的主要目的是让资本实现最大利润。从传统意义上来讲，他们并非出版业并购的主要买家，因为他们更倾向于短平快的交易，以满足客户的预期。出版是一个长效产业，对他们的吸引力有限。不过，自纳斯达克股灾之后，传媒出版业开始受到私人股本的青睐。

出版行业的变化和数字化进程，让出版业逐步向其他行业靠拢，运行机制和投资回报方式也愈发成熟，尤其是学术专业出版的蓬勃发展，让不少投资者看到了数字出版诱人的利润，面对蛋糕蠢蠢欲动。虽然教育出版数字化进程相对迟缓，并遭到一些大公司的抛售，但资金雄厚的私人股权资本公司却认为其未来充满商机，他们也就乐于用资本手段将其纳入旗下。

比如以教育软件起家的 Riverdeep 公司老板卡拉汉，在私人股权资本公司的支持下，2006 年以 34 亿美金反收购了美国教育出版社的霍顿·米夫林，此番又以 40 亿美金收购了哈考特教育的美国部分。如果说对霍顿·米夫林的收购还有绝地反击的被迫因素，对哈考特教育的收购则证明了卡拉汉之举并非简单的资本游戏，而是来势汹汹地宣告——他们正式进入了教育出版市场。他希望以科技公司强大的融资能力，迅速建立起自己的教育出版王国。但是很多人对他举债收购的行动表示了忧虑：一方面因为出版业是一个相对长效的产业，建立在债务基础上的收购需要短期收益，而匆匆收购的两家巨型教育出版公司的整合就需要时间，投资公司的耐心要经得起考验；另一方面，为了防止经济过热，欧美的央行持续加息，债务资本的利息风险非常大，如果利息持续攀升，靠举债并购的公司有可能面临破产。

出版业的众多知识产权对私人股本也具有吸引力。知识产权是品牌和产品的结合，每一本优秀的图书，都是一个品牌，而优秀的出版社或出版集团拥有众多的品牌，从而降低了单个品牌抵御市场风险的能力。

随着数字化，知识产权的开发和利用给出版社提供了新的机遇，投资界对于出版社的知识产权作为无形资产的认同度也越来越高。此外，跟泡沫膨胀的新媒体公司不同，老牌的出版公司一般都有一定数量处于城市中心地带的媒体聚集区的不动产。随着世界各地房价的急剧上涨，这些不动产有保值升值潜力。不过，不动产的缺点在于投资者无法获得回报。现在很多的并购案中，私人股权资本公司会把不动产剥离出来，作为他们购买的产业，然后由被购买公司付租金使用。这样，既获得了稳定的租金收入，又购入了稳定升值的优良不动产。吃亏的是被并购的公司，他们无形中增加了运行成本。

当然，一个不可忽视的原因是市场上优良待售公司的缺乏，随着股市的攀升，大量资本无处可投，而资本的扩张需要通过投资才能实现。

未来预期：1 + 1 > 2 ？

对于这些交易的对象也好，买主也好，成交只是一切的开始，之后的有效整合才能说明交易的成功。并购的目标是达成 1 + 1 > 2 的和谐，但是达到这种和谐非易事。在上一轮的并购浪潮中，美国在线时代华纳就是一个典型的失败案例。

首先是被并购的公司是否保持了出版行业的发展空间，还是成为巨型媒体集团一个微弱的分支，日渐消亡。比较成功的例子是默多克集团收购哈珀·科林斯，媒体集团和大众图书在宣传和市场上找到了出色的结合点，确定了哈珀·科林斯在大众图书市场的领导地位。其次是并购后对于业务方向的战略调整。并购带来了新的出版领域，那么对编辑出版的进一步调整就可以让出版集团增强自己的核心产品，进一步剥离其他的弱势产业。培生集团也是通过不断的调整，才建立了自己的教育出版帝国。这次出售的政务解决方案业务是培生在 2000 年收购教育考试和技术公司（National Computer Systems）时一并购入的，这部分资产总额达 5.73 亿美金，每年向培生提供 4600 万美金的运行利润。但是由于它是向政府提供服务的公司，跟培生的整体目标不符，培生在消化整合了教育考试部分之后，抛售该公司以换得并购核心业务的资金。最后，并购还是开辟新市场的手段。比如贝塔斯曼对于兰登书屋的并购，就为贝塔斯曼集团打开了美国大众图书市场。

出版业的并购形成了出版资源的集中化，通过并购，进一步加强了竞争优势，但是独立出版社却始终层出不穷。很多都是由国际出版集团的资深出版人建立的。他们依靠对市场的迅速反应和创造力与跨国集团竞争。虽然并购行为愈演愈烈，独立出版社的数目却也不断成倍增长。就像著名的独立出版社总经理科根·佩奇（Kogan Page）所说："你可以争论，作为独立出版社，我们必须要比大出版公司做得更好才能存活。"出版界正是在这种从独立到合并，从合并到独立的轮回中不断适应新的市场，寻找新的机遇。硝烟散尽之后，资本阻击战的胜利者们需要在清点战利品的同时，制定出能让 1+1>2 的最佳战略。

（文章原载《中国图书商报》，2007 年 8 月 3 日，第 01 版）

英国循环教材选用教师说了算

英国教育体制的根本特点是教师具有选择和购买所需教学材料的权利。这个权利不受任何国家或者当地政府的影响。这也是英国教育出版业的立足点。

教科书的循环使用

英国的教育系统分国立和私立两种。国立学校的所有费用由政府开支，私立学校的费用由家长承担。按照英国的教育法规，任何人都有获得义务教育的权利，这个权利不应受任何经济条件的制约。因此所有跟教学大纲相关的材料都应让学生免费使用。

在国立学校中，所有课堂行为需要的材料，包括孩子的文具、书本，教学材料都是免费的。所有国立学校都会循环使用教材。孩子们收到课本之后，都会在老师的指导下保护课本。所有的课堂笔记写在另外的练习册上，以保持课本的整洁完好。如果在使用过程中，课本出现人为损坏，家长需要支付适当的费用补偿。各科目老师负责收回课本，在每个学生的课本返回单上，家长可以在学期开始的时候自愿为孩子单独购买一本课本。学校在预算中会预留正常的损毁、陈旧更换的费用，每年整修补订课本。

课本的使用寿命一般是 3 到 5 年。如果在此期间教学大纲有重要更改，那么教师可能会重新选择更符合新大纲的教材。但是如果没有重要更改，那么会延续循环使用。

出版商会时刻保持对教学大纲的密切关注。但是，很明显，因为教材的投入很大，他们只在非常必要的情况下才会推出修订版本。

学校还同时承担各种公众考试的费用和准备考试的材料费用，比如 GCSE、A-Level 等。英国原来有多个考试机构，但是近年来整合成三个主要的考试机构。这些机构的考试费用连年上涨，导致学校的教学材料预算中很大的部分用来支付与考试相关的费用。

根据英国教育出版商协会的数据，在 2004 到 2005 年度，学校给每个学生的图书费用投入为 11.72 英镑，这个数字相比 1999 年到 2000 年的 16.05 英镑，有很明显的下降，因为教材的预算跟其他教学材料的预算是在一起的，由于学校添置多媒体和各种考试费用的提升，图书预算被严重挤压。

教师全权选择教材

毫无疑问，一个更多指导和严密控制的体系能够使教科书的价格降低。但是，教科书的费用在教育总费用中所占比重不到 1%，因此，英国教育部门考虑更多的不是如何在教材费用上做减法，而是保证整体的教育、教材制度更有活力。而允许教师选择教科书，不仅使教师能够选择最适合的材料，而且出版商也能够对他出版的内容有更多的自由。在教材的提供者和使用者之间，没有一个特定的列表横亘在中间，而是由教材的最终使用人——教师和学生,来决定一个出版计划最终能否成功被采用。

正是这种自由的出版方式,让英国的教科书市场能够生产出种类众多、形式多样的教科书出版物,供学校使用。出版商被鼓励进行前瞻性思维,他们充分认识到教师不仅仅是教科书的购买者,更是教科书的创造者。教科书要照顾到个人学习的需要、学习资源的需要,还要照顾到不同学习能力的需要。所以在这个系统中,出版商要充分考虑到如何最大程度地支持教师的课堂教学,既给教师以充分的帮助和指导,同时又给他充分的自由来组织他的课堂和自己的资源。所有这些都取决于出版商的编辑吸收能力。

教科书的旅程

在英国,出版社根据自己对政府制订的教学大纲的理解,选择作者,设计、编辑、制作教科书。下一步的重要环节就是推广教科书。

在英国,教科书推广的主要渠道是校园销售代表。这些代表一般居住在该地区,负责走访该地区的所有学校。他们一般会在上午课间休息和午休时间走访几所学校,展示他们的图书,聆听老师的反馈。很多教科书销售代表以前曾经是老师或者从事跟学校系统相关的工作。英国的教育系统并不是全国统一的,英格兰、苏格兰、威尔士、北爱尔兰都有各自不同的教育系统、考试系统、教学大纲。教学代表要走访中小学,他们是教科书出版商的耳朵和嘴,既要推广产品,也要善于捕捉市场信息,甚至发现作者。有一些地方政府需要他们申请走访学校的执照。

图书代表并不直接接收图书订单。老师如果对某种图书感兴趣,他们会要求一本样书,销售代表会让老师填一份样书申请单,这样出版社就可以发给老师样书。在小学，负责该年级的老师会跟校长（Head Teacher）一起讨论；在中学，由科目主管老师和这个科目的所有老师讨论，决定选择哪种教科书，需要多少本。他们的决定既要满足教学的要求，要考虑到学校的经费预算，还要考虑到教学的延续性，保证各个年级要求的平衡满足。比如学校可能今年集中财力更新3年级的课本，明年更新4年级的课本。一旦作出决定，学校就会把要求报给地区的教育主管部门。学校的预算资金一般在教育主管部门账户，由他们负责支付所有预算内的费用。

教育主管部门就会让地区的教材采购商负责采购教材。这些专业的教材采购商相当于我们的地区新华书店，他们跟出版商联系，预订各个学校种类繁多的教科书，最后能够保证这些教材按时到达学校，满足新学期的教学需要。

出版商的应对方案

因为英国一贯都是秉承教科书自由出版，教师自由选用的方式，所以并没有一个出版商需要接受政策变化的过程。

出版商都按照这个原则，一方面注意发展能够最好辅助教学、满足大纲要求的教科书，一方面将主要的市场推广活动瞄准教材的使用人——教师，按照他们的要求对自己的产品进行提高。英国出版商的主要推广费用是维持巨大的教材销售代表队伍。这些销售代表在推广教材的同时，非常有效地帮助出版商提高了教材的质量。

英国的主要教材出版是被几家大的出版社垄断，但是由于这种灵活的教材选用制度，小的教育出版社也能够依靠他们的灵活应变和对市场的判断，开发教材市场。尤其是在一些小科目和地方科目上，小出版社有他们的生存空间。其中一些教材获得成功，为出版社带来稳定的利润。而国际出版集团经常通过并购小出版社的方式来吸收、并入他们的优秀教材。

在教师自由选书、出版社积极开发的不断促进下，英国的教材出版成为巨大的国际产业，从质量到内容都享有盛誉，培生教育出版集团、剑桥大学出版社、牛津大学出版社都是服务全球的出版社。联合国的众多教材辅助计划也大都是在英国教育出版专家的帮助下制订完成的。

（文章原载《中国图书商报》，2009年3月3日，第A06版）

Blackwell 的"咖啡机"仍需时日

去年7月，英国 Blackwell 连锁书店和美国 On Demand Book 一起宣布，将于10月在 Blackwell 的一些店铺里安装快速印书机器 Espresso Book Machine。但是到目前，这个机器的安装被推迟到了4月份。

这种机器被称为图书的自动取款机。Blackwell 将从 On Demand Book 租用该机器。图书的来源超过100万种，主要是从按需印刷供应商 Lightning Source 数字图书数据库获得，还有大约40万种停印图书。这个机器可以每分钟印40页，是装订和打印合为一体的机器，读者选定图书，可以一边享用咖啡，一边等着新鲜出炉的特制图书。Blackwell 最终计划在英国60家书店全面推广该机器。

对于 Blackwell 这样的学术书店，按需印刷有特殊的意义。因为学术书的印数低，成本高，所以出版社再版图书不多，但是市场需求却持续不断。许多读者抱怨无法买到需要的特殊图书。这种即时印刷机的出现，可以帮助学术图书延长在版寿命，满足读者的需要。

这种机器同时也能帮助一些非主流作品打开市场，延长出版生命，让出版产业更民主畅通，而不是完全由少数的国际出版集团操纵。

但是，另一方面，按需印刷一直是一个受到质疑的方式。因为出版社和作者之间的版权关系是按照图书在印来维持的，一旦一种书不再重印，版权就回到作者手中，作者有权授权其他出版社出版。但是按需印刷从理论上无限延长了一本书的在印时间，模糊了出版社和作者之间的权责关系。

按需印刷的图书的版权归属和获利分配目前仍然非常不明确。作家协会的常务秘书长 Kate Pool 说，她们虽然欢迎有更多方式让图书到达读者手中，但是强调要尽快解决版权问题。按需印刷的图书定价也是另外一个问题。Blackwell 认为应该按照市场的需要定价，给出版商、书商和消费者都留下合理的价格空间。有估算 50 本印数的图书，平均成本在 4 英镑。Blackwell 计划，按需印刷的图书能够按照图书的原价格销售。该机器的成书使用 150 度胶订，跟胶订平装书的质量非常接近。印刷质量上，文字部分还可以，但是图片质量不是很好。机器长 3 米，高 1.6 米，对于有些书店，显然占据空间过大，造成空间成本过高。

其他的出版社和出版机构也在尝试各种不同的按需印刷方式。

著名的文学出版社 Faber & Faber 成立了 Faber Finds，能够帮助他们重新出版很多绝版的著名作家的作品。包括 JacobBronowski, FR Leavis, Angus Wilsom 等作家的作品都会在这个按需印刷计划下重新出版。印数最小可以是 50 册。

著名的文学代理中介 PFD 也跟微软联合，提供他们作家的绝版图书的少量再版。这些按需印刷图书将通过他们自己的网站、亚马逊和其他的零售商出售。这对于二手书店可能会形成冲击，因为他们目前生意中很重要的一部分就是提供绝版和难买到的图书。但是也有很多二手书商持乐观态度，他们认为互联网不可能找到所有的东西。

音乐行业已经经历了同样的过程。在推出更多新曲的同时，更多的老曲和非主流音乐可通过互联网下载。出版可能正在经历同样的过程，在国际出版社利用按需出版技术来满足重印作品需要的同时，也给更多名不见经传的新作家机会。他们可以使用这种机器出版少量印刷的作品。按需印刷也给多语种印刷提供了机会。比如《狼图腾》这样的被翻译成多语种的图书，可以在按需印刷的系统中实现会师，满足世界各地多语种读者的要求。

  Blackwell 的总裁认为这种即时印刷技术有可能成为未来的主流，但是也有可能是浪费金钱的"白象"。他愿意尝试一下，试图营造一个点击加砖块（Clicks and Bricks）的书店环境。但是目前对于推广时间的推迟说明，在 Blackwell 内部，这项新的科技很可能已经遇到了阻力。虽然目前发布的时间是 4 月份，但是不排除再次推迟的可能。毕竟从去年 7 月到现在，世界的经济形势发生了巨大的变化，脆弱的图书零售业不能承受任何的失败。

（文章原载《出版参考》，2009 年 3 月下）

亚马逊：出版业昨日的甜点，明日的毒药？

从 2009 年 4 月 1 日起，英国亚马逊宣布实行新的返款制度，出版社有两个选择，如果 15 天返款，出版社需要多出 2% 的折扣，否则就是 60 天返款。独立出版商协会反对这个决定，并且跟亚马逊沟通，但是无果而终，亚马逊坚持自己的决定，并且表明这个决定不仅仅是针对出版商的，而是亚马逊经销的所有产品。众多小出版社表示，这个决定会给他们本来已经非常艰难的形势雪上加霜。出版业在 20 世纪 90 年代后期连锁书店一家独大的不利局面之后，再次面对图书零售业店大欺客的形势，亚马逊这个出版业昨日的小甜点，目前的生命之源，是否会变成明日的毒药？

1994 年亚马逊由 Jeff Benzos 建立，他离开自己纽约投资银行的工作，来到西雅图建立了这个小公司，销售图书。那时非常渺小，连最小规模的书店都比不上，1995 年 7 月网站开始运行，到 10 月份才收到了第 100 份订单。

对于出版社来讲，它无足轻重，代销返销制度也不会惠及，很多出版社甚至觉得它的零星订单太麻烦，不愿意跟这个新生事物合作。

从开始创办到 2004 年第一个盈利年度报告，亚马逊的前 10 年是一个烧钱的过程，破产的可能无时不在，所以出版社对它的信誉一直抱小心观望态度。另一方面，这个时期连锁书店彻底挤压了独立书店的生存空间，垄断了图书零售市场，在英国，图书定价制度被打破。出版社愈发受到连锁书店的挤压，为了获得有限的图书展示空间，他们不得不一再加大折扣，延长返款期限。小规模的独立出版社无法在连锁书店的集中采购制度上获得生存的空间，或者被并购，或者退出市场。

出版社尤其是独立出版社喜欢亚马逊，因为它提供了有价值的图书展示渠道，满足了图书市场逐年增加的出版书目的需要。连锁书店的集中采购制度让每年出版的大多数图书都无法在市场得到展示，而亚马逊的存在为这些图书提供了上市销售的可能。

亚马逊日益完善的搜索功能、图书评论、客户信息管理、图书推介、运输管理，也让它的客户越来越享受这种新的购书方式，关于图书销售的魅力在于闻到书香、摸到纸张的论调也越来越淡化。尤其是2002年8月亚马逊开始实行的25美金以上免运输费的主张，彻底打破了与传统书店之间的价格差异，让网上购书真的拥有了价格优势。

亚马逊作为一个新的图书销售渠道，没有采用传统的代销模式，而是集中采购与从批发商供货相结合的方式。它成了出版社的甜点，虽然不能作为出版社主要的销售渠道，但是出版社日益接受它的经营模式，尤其是一些不具有自己建设网站实力的出版社，把亚马逊作为了他们图书信息的展示空间。亚马逊逐渐成为了最完整的图书信息中心。读者发现在亚马逊获得的信息，远远大于在书店有限驻足时间能获得的。因此，对于亚马逊的壮大，出版社乐见其成，连锁书店认为无足轻重。在这个时期，英国最大的连锁书店 Waterstone's，因为觉得网上售书任务重，利润低，干脆把自己的网上业务转给了亚马逊，凡是到它的网站的客户都会被直接转到亚马逊页面。不知道当年做出这个决定的管理者，今天面对被网络书店挤压的局面，会不会悔不当初。去年 Waterstone's

宣布重点经营自己的网上业务，但恐怕亡羊补牢，为时晚矣。

在亚马逊开始盈利的同时，一些独立出版社发现，亚马逊已经成为他们销售图书的最好渠道，能够充分展示一些针对特定市场、印数不大，需要稳定市场的图书。另外，亚马逊也成为出版社销售常销书的主要渠道，著名的长尾理论也应运而生，亚马逊对出版业的影响开始深入到出版决策和市场分化，亚马逊成为一些出版社的生命之源，像水一样重要。

在经济危机的威胁下，传统书店在网络书店和超市的双重挤压之下，从连锁垄断到彻底崩溃，纷纷破产，在英国，商业图书连锁就剩下Waterstone's苟延残喘。亚马逊对于出版业来讲，是最后的一个展示全线图书的空间，出版社不得不面对的现实是，曾经被他们所轻视的小甜点，已经成为他们最后的救命稻草和生命线。

但是这条生命线会不会变成他们明日的毒药呢？亚马逊已经意识到自己的力量。他们的Kindle阅读器，瞄准的是确保他们在电子图书销售领域的垄断地位，他们以优惠的价格将读者锁定亚马逊。另一方面，亚马逊也试图利用丰富的书评资源，进行酝酿已久的出版计划。亚马逊的每一步决策都充满了野心和对出版领域的垄断欲望。

在新渠道出现之前，亚马逊独大的局面会越来越严重，而历史证明，当出版营销渠道出现垄断局面的时候，出版社的生存空间会被挤压。所以目前出版界需要借助其他的销售渠道来试图保持力量的平衡，为等待新渠道争取时间，也需要实现出版内部的联合来争取权益。不然这次的提高折扣之争只是明日更激烈挤压的开始，到那个时候，亚马逊就真成为出版社饮鸩止渴的唯一选择了。

（文章原载《出版参考》，2009年4月上）

电子书：车里的汽油还是瓶里的美酒？

根据最新的出版协会年度报告，英国数字出版市场的规模在7500万到8000万英镑，其中100万到200万英镑的收入是小说类、非小说类和儿童图书。但是85%的销量集中在听书下载，与2007年相比增加了一倍。

大部分的数字收入还是集中在学术和专业图书领域，销售额达到5300万到5700万之间。教育出版和英语教学出版也达到1200万到1400万之间。对百科书的下载有700万到800万英镑。2008年，英国出版业的数字产品销售收入增长27%，但是整体市场规模仍然有限，占图书市场2.7%。

在伦敦书展上，最热门的主题就是数字出版。形形色色的数字出版技术和服务层出不穷，以数字出版为主体的讨论也热火朝天。最引人注目的讨论是由四个出版巨头的掌门人，企鹅的约翰·麦金森，兰登书屋的吉尔·里巴克，阿歇特的蒂姆·希利·哈钦森和哈珀·柯林斯的维多利亚·巴恩斯利共聚一堂，讨论的主题是"数字出版，钱在哪里？"虽然四家出版集团都表现出对数字出版发展的热情，但是担忧也都是显而易见的。数字设备技术厂商们你方唱罢我登场，他们的着眼点跟出版商是不同的。就像维多利亚所说，电子书和数字设备的关系，对于数字设备厂商而言，电子书就像汽车里面的汽油，而对于出版商来讲，电子书是瓶子里的美酒。

出版商认定自己的角色是如何酿造美酒。但是在数字化的环境里面，内容向信息靠拢，在数字设备厂商的鼓励刺激下，内容提供的规模化将进一步淡化品牌标签。四个出版巨头都表示了对于数字版权维护和出版社作为版权持有人在未来角色定位的担忧：版权系统这一出版业的生命之源，是否会经历音乐出版的灾难性过程，遭到彻底颠覆，最后受益的是瓶子制造商。

更让听众感到困惑的是，虽然讨论的主题是钱在何处，直到讨论结束，四大巨头也没有回应主题。也许是他们各自有各自的小算盘，不愿意在大庭广众之下暴露目标，更可能的是，他们自己也没有答案。每个人都表达了对数字出版的热情，但是在目前恶劣的经济形势下，这种热情是否能够获得足够的经济支持，是每个出版集团的艰难抉择。

阿歇特的 Hutchinson 提到，在目前的经济危机中，大众的消费信心受到影响，虽然图书与其他的商品相比，受到的影响相对较小，但是图书的批发和零售业受到信用系统的冲击，资金链出现问题，加上《哈利·波特》图书的结束，今年英国整体图书市场下降了 0.7%。

资金、人员、选题，这些非数字化问题更为棘手，也是各家出版商生存的关键所在。数字出版项目能起到锦上添花的效果，却不可能在经济严冬里雪中送炭。家有余粮的大出版集团，必定要保持自己在科技的前沿地位，在这场自古登堡之后的最大革命之后立于不败之地。但是资金困难的小出版社是否也要追随数字化的潮流呢？

Ehaus 的主席 Francis Bennett 认为，一方面，以数字形式存在的内容，可以得到最大程度的多方位开发。另一方面，数字化市场营销给众多的中小出版商提供了新的低成本市场宣传渠道，互联网被用来有效地推广图书。

由此可见，数字化的潮流席卷的不仅仅是大出版集团，还有中小出版社。90年代的电子化变革中，很多中小出版社不堪技术革新的重负而被并购或破产。现在的数字化变革是否会导致同样的结果呢？

笔者认为，本轮的数字化变革不会导致中小出版社因为不堪科技成本重负而被淘汰。众多的数字化服务公司，比如Google Book Search，都提供免费的图书数字化服务，同时科技的发展给内容在各个渠道的反复使用提供了可能，增加数字化收入的创收渠道。

但是，值得担忧的是数字化革命对版权体系的冲击。在英国，政府反复提出要对目前版权法进行探讨，各个学术机构也纷纷提出对开放资源（Open Access）的支持，一些机构认为在数字化环境中，出版商的存在客观上阻碍了学术信息的分享。而出版商认为是他们的辛勤工作让信息存在被分享的可能。出版协会在这个根本性问题上立场明确，认为版权制度是保护整个创意产业的根本性制度，不容置疑。

同时，出版商也在试图找到平衡点和突破口。像Bloomsbury最新推出的学术出版，就采用了开放阅读的方式，提供免费在线阅读。只有当读者需要POD印刷本的时候，才付费购买。

随着索尼阅读器、亚马逊Kindle等众多阅读设备的推广，ebook确实已经从幕后走向了前台。随之而来的设备商、出版商、作者、经销商、读者之间的权责调整也正式开场。究竟这次的调整会导向何方，出版社的美酒为谁而酿，让我们在这个躁动的季节耐心等待。

（文章原载《出版参考》，2009年5月下）

出版进入 Twitter 时代？

最近英国出版界热议的话题就是出版与 Twitter 的联姻。作为 Web 2.0 世界里面的电报系统，它正成为出版商一种新的营销手段，未来成为一种出版手段，也是可能的。

Twitter 是 JackDorsay 于 2006 年 8 月，在美国旧金山创建的即时短信平台，目的是随时随地了解你的朋友在做什么。现在它在中国也有了姊妹产品，就是饭否网。Twitter 用法很简单，你可以随时随地发短信，说明你在做什么，你在想什么，不要超过 140 个字母，你的信息将被所有的 Twitter 用户共享，他们可以自愿选择随时跟踪你的所有信息。

这个想法初听起来比较疯狂，我为什么要暴露隐私呢？谁会愿意跟踪我的信息呢？首先，你发布的信息都是自己自愿提供的，由你控制，所以不存在被动暴露隐私的情况。另外，你也不能强迫别人接受你的信息，大家是自愿选择。由于一些名人加入到 Twitter 的行列中，开始出现用户众多的 Twitter 流，比如英国著名的电视主持人 Jonathan Ross 的 Twitter 流就有超过 25 万名追随者，随时接受偶像发出的一举一动。今年 2 月份，著名的电视喜剧演员 Stephen Fry 被困电梯中，还不断地给他的 10 万名 Twitter 追随者发送信息，还附上了被困电梯的即时照片。

Twitter 经过饭否网被介绍到中国，有了一个比较优雅的名字，迷你博客。但是我还是喜欢它的英文名字，就像鸟在叽叽喳喳地叫，Twitter 的魅力就在于七嘴八舌。

现在出版也将成为这个七嘴八舌的对象了。Jonathan Ross 宣布建立他的 Twitter 阅读俱乐部，就是每周在一个固定时间，与他的 Twitter 追随者一起共享一本书，一起讨论。他决定把 Jon Ronson 写的 The Men Who Stare at Goats（《盯着山羊的男人们》）作为他俱乐部共享的第一本书。这个消息对于出版商泛麦克米伦简直就像是被皇上钦点一样，从天而降的喜悦。消息发布之后，这本书立刻跃上了网上销售排行榜的第一名，泛麦克米伦出版社也大方地决定把这本书在 Twitter 讨论的时间内，通过 Exact Editions 数字图书平台，免费向线上读者开放。这是第一次大众出版商决定为了辅助线上讨论，免费开放数字版图书的阅读。在讨论时间之外，读者如果需要阅读这本书，就需要支付 4.99 英镑的费用。

Twitter 的创造者们还没有决定他们的盈利模式，所以目前还没有商业化，出版商对于 Twitter 这种形式更是所知有限。但是它未来跟出版业很可能建立非常直接的联系。Twitter 的核心思想就是随时跟朋友和追随者分享你所看到的和读到的信息。所以 Twitter 有可能成为分享图书和杂志信息的理想媒介，特别是当它同时在网上共享的时候。因为所有的讨论都会嵌入对于书的链接，这样可以极大地提高图书的链接率。

因为 Twitter 的群体是有某种共同兴趣点的人，他们通过 Twitter 建立起关系网络，能够给出版业提供有目标的市场。他们可以通过 Twitter 共同讨论一起读过的图书，群体中没有读过这本书的其他人，就很可能对这本图书非常感兴趣。与其购买闻所未闻的图书，不如购买群体中其他人感兴趣的图书。

出版商已经体会到了明星效应给出版带来的巨大商机，层出不穷的明星书占据市场。不同的 Twitter 名人流给这种由名人引导阅读的市场提供了新的商机。以明星为中心的群体可以刺激新的阅读兴趣。Jonathan

Ross 的阅读俱乐部是不是只是其中的一种形式呢？是不是还有利用 Twitter 网络更多的开发形式？如果通过 Twitter 形成更多的针对图书的讨论，那么也许整个图书销售市场都可以得到新一轮刺激。

预计未来，出版商和 Twitter 流以何种方式进行配合是值得探讨的问题。这次泛麦克米伦借助 Exact Editions 数字平台，开放图书内容，但是不是所有的出版商都有如此的勇气呢？从现实中讲，免费开放一天图书内容，对销售市场不会起到冲击，因为任何的图书销售也不可能于一天完成，所以这一天的开放起到的推广销售作用远远大于对市场的抵减。出版商真正担心的是开放式的数字平台会不会造成长期的盗版使用。随着数字版权保护技术的日益完善，开放平台能够给出版商更多的保证。

Twitter 与出版的结合是否代表着出版真正进入了 Web 2.0 时代，出版商又将如何面对，我们拭目以待。

(文章原载《出版参考》，2009 年 6 月上)

信息爆炸时代的个性化阅读服务

在每年出版图书总数近 25 万种的浩瀚书海中，能够进入读者视线的图书如沧海一粟。出版业的过量出版，互联网的过量信息都让这个选择的过程难度加大；另一方面，繁忙的生活节奏让选书、读书的时间都受到压缩。在书店停驻半天挑选图书，对很多人都是不可奢望的享受。读者需要选书，出版物需要到达读者，阅读引导服务的作用会越来越凸显其重要性。尤其是数字化环境中，读者所面对的海量信息，让有效的阅读引导服务更加重要。因此，建立阅读引导服务品牌是笔者所关注的领域。

笔者所思考的阅读引导服务分成两个类别，个人阅读顾问服务和时尚阅读流服务。

个人阅读顾问服务的想法源于英国著名的 Hatchards 书店，这个建立于1793 年的书店，是伦敦最古老的书店，享有每年为女王提供两箱图书，供她度假时阅读的最高荣誉。它的顾客包括多任国王和首相，威灵顿公爵、吉普林、王尔德、拜伦等政界商界文学界名人，直至今日，它仍然是英国上流社会首选书商。它服务最具特色的就是选书服务，这些名人大多事务缠身，或者不方便跻身市井书店。他们可以给书店打个电话，跟经理说，"John，给我选 200 英镑你认为我会感兴趣的图书"。

书店店员自信他们的选择是精准的，他们对于市场上图书的了解远远超出顾客凭几分钟驻足能够了解的信息。他们有专人来负责阅读大量的当季图书，作出判断，推荐给顾客。而且尤为重要的是，他们判断推荐的基础是每个顾客不同的身份、职业、口味、要求，而不是被众多的书评引导。

由此及彼，笔者认为这种服务不应该被局限于英国的 Hatchards 书店。在中国，专业的阅读顾问服务应该可以让更广泛的受众获益，而且在数字化出版的大背景之下，这种专业选读服务可以把顾客从海量信息中解脱出来，有效利用他们有限的阅读时间。

对于出版社来讲，这种专业选读服务给大多数没有进行大量市场推广投入的优质图书提供了特殊渠道；从长期效果来讲，可以对很多现存的重复出版等不利出版市场发展的现象进行一定程度的纠正。

对于数字内容平台，目前他们的内容大多数来自出版社的授权，而很多出版社对于授权能给他们带来的利益持保留态度，一边热一边冷的不对等关系让数字内容平台的内容整合过程充满挑战。另外，即使获得授权，这种授权通常不是排他的，所以也为以后长期的稳定关系和潜在的市场竞争带来隐患。

建立专业的选读服务可以让数字内容平台实现角色转换，成为对出版社目前的主营项目起推动作用的市场渠道，获得更多的话语权。

专业选读服务可以针对个人，推出从免费的入门级到最高级的包括海外原版图书选读服务的高级服务，也可以通过企业集体加入带有专业性的个性化选读服务。

如果说个人阅读顾问服务是一种个性化阅读服务产品，那么笔者构想的另外一种阅读服务项目——时尚阅读流，就是做大众市场的阅读服务产品。

笔者对时尚阅读流的构想源自英国近两年非常流行的，对出版物市场起到相当刺激作用的 Reading Group，这种源于北欧的阅读形式在英国被发挥到商业极致。十几个兴趣相近的人组织一个群体，每周聚会一次，选取一本书，在这一周里进行阅读，然后大家聚会的时候讨论。慢慢地，这些群体开始跟出版社取得联系，希望获取一定折扣，出版社也乐见其成，既能获得直接的图书销售，也能获得市场反馈。

当这种方式传播到英国之后，迅速商业化，并注入了新的活力。首先，出版社纷纷制定了对 Reading Group 的支持政策，在网页上给这些群体讨论的空间，购书上实行优惠折扣，而且定期在这些 Reading Group 的聚会上举办作者见面活动，Reading Group 成为出版社大力支持的活动方式。

然后，就在出版社的引导和促进下，出现了众多由名人领导的 Reading Group。由脱口秀主持人建立的 Richard& Judy's Book Club，在 6 年间，一共销售了价值 1.8 亿英镑超过 3000 万册图书，成为出版市场的重要推动力量。英国著名的节目主持人 Jonathon Ross 开辟了自己的 Twitter 群，有 25 万的粉丝每日跟随他的 Twitter 信息流。所以他开始建立自己的 Reading Group，选中《盯着山羊的男人》作为第一本讨论图书。结果当周，该书的销量上涨 7000%，直接进入销售排行第一名。

数字内容平台如果能够抓住有利时机，引导时尚阅读流的形成，并且把各个名人引导的时尚阅读流作为品牌塑造的一部分，就可以让名人引导的时尚阅读流能够成为跟名人书一样具有巨大受众潜力，但是又不受创造能力限制的阅读品牌。

（文章原载《出版参考》，2009 年 8 月上）

数字出版不是数字化出版

说句可能会引起众怒的话，数字出版你方唱罢我登场，都是在数字化的圈子里面绕，数字出版成了传统出版业掌握新技术的变形，这从根本上就是错误的。如果数字出版就是掌握新技术，我们可以说，别玩了，直接退出市场吧。论技术，出版社哪里是众多科技公司的对手。术业有专攻，传统出版的数字出版困局就是因为他们目前还没有在这个新的产业部分建立起自己安身立命的优势，如果还是按照数字化的路子走下去，就算是把社里的所有图书都数字化了，又能怎么样，数字出版还是一个白象，昂贵而无用。

让我们回到事情的起点吧。数字出版首先是出版。想想出版的链条，想想我们出版业为了一个选题、一个策划而激情荡漾的瞬间。数字出版也需要一样的过程。唯一的不同是顶上了数字的名号，就让大家混淆了，觉得必须要掌握了技术才能入场。而实际上，随着数字出版的发展，"数字"二字意味的是展示平台和市场，技术可以忽略不计，可以看作平台的一部分，不管是盛大、汉王，抑或是方正，技术都是打包送的，只要你有适合他们各自平台的数字内容。出版业要思考的是我们以什么为平台，为什么市场而出版。对于出版社而言，只要开发出有价值的内容，不用在乎谁的平台，谁的技术，可以所有平台通吃。

就像在纸质书时代，出版社出了好书，全国的书店都会销售，出版社并不需要自己去建书店一样，在数字时代，平台更多，分成卖也好，打包卖也好，按页卖也好，按天卖也好，各种平台商自有他们自己应对各自受众的方式，出版社只要捧好自己的内容，尽可能多地把东西铺出去，就可以获利。当然，在选择过程中，要注意保护自己的内容，跟纸书一样，防止盗版的发生。这个出版社可以从各个平台的 DRM 技术和流程的阐述中，做出判断，其本质就跟我们把书铺给书店，要测评它是否有返款能力，是一样的。出版社的核心竞争力，是对于内容的创造，而不客气地讲，这个环节本来应该是出版社的看家本领，现在却成为最薄弱的环节。抱着一堆数字化图书去授权，成了各家的通行做法。举个简单的例子，如果一个专业出版社要开始做大众图书，他会把专业书目的图书改改，直接用吗？当然不会。数字出版应该是出版社的一个新的编辑室，从选题策划到组织写作，都应该是明确地为数字平台而操作。这跟初中教辅要按照初中市场的要求来，高中的要按照高中的来，是一个道理。数字出版的平台目前有手机平台、手持阅读器平台、互联网平台，每个平台的特点都不同。按照中国移动目前的授权方法去操作，把一本 20 万字的长篇小说，搬到每屏 140 字左右的手机上去读，能有市场吗？

这些平台的成熟，将对内容的需求凸现出来，正是出版社开始数字出版之路的最好时机。不是说以前纸书的内容不能用，而是必须要进行改写、改装、再创作。哪个出版社抓住了这个先机，就能够真正地步入数字出版时代。这个过程甚至可以细节到，如果针对的是新浪受众来出版，篇幅应该是什么长度，每个篇章的扣子是什么。如果针对的是中国移动的手机受众，篇幅长度是什么，扣子怎么设计。数字环境下，受众做决定的时间不超过 10 秒钟，10 秒钟之内不点击，这个受众就流失了。大家看盛大文学红红火火，自我安慰地说，没关系，他们做的是原创。

自欺欺人！什么叫原创，难道我们的出版不是原创吗？起码文学类图书出版的核心就是原创。人家把原创都拿走了，文学出版还剩什么？

在起点中文网上，可以看到，他们花大价钱拿来的出版社授权的合作资源被放在了第五屏、第六屏的位置，不客气地讲，人家根本不在乎这部分资源。出版社如果还自我陶醉地认为盛大稀罕自己的那点内容，看看人家原创部分的购买数字吧。梦该醒了，但是梦还不到破碎的地步，迎头赶上正当时。

出版社掌握很多的优势创作资源，只是还没有为数字平台真正地经营起来。现在为时不晚，为数字而出版，而不是数字化出版。内容为王，在数字时代仍然不变，而创作出能够为王的内容，是出版界不变的主题。

（文章原载《出版参考》，2010年5月下）

数字图书馆：远离喧嚣的盈利高手

数字图书馆服务，对普通中国人来讲，听起来似乎很遥远，远远不如频频见诸报端的盛大文学、百度文库等以个人用户为目标的内容平台热闹，也不如汉王、iPad 这些广告随处可见的"终端设备＋内容平台"模式抓人眼球。但是正应了闷声挣大钱的老话，数字图书馆是目前数字内容市场，盈利模式最稳定、投资回报最高的寂寞高手。

不管是提供内容的，例如：励德·爱思唯尔、斯普林格、泰勒·弗朗西斯这些利润率超高的国际出版盈利大户，还是提供平台的，例如：英国出版科技集团、中国知网、方正阿帕比等这些以内容技术为后盾的国际出版科技公司，或是提供服务的各种图书馆联盟，它们都在良性运行，盈利平稳增长。

本文就国外数字图书馆的运营情况，历数国外数字图书馆发展之道，试图给正在发展中的国内数字图书馆以借鉴。

凭电子学术专业期刊暴利经营国际出版集团

数字出版让主要面对图书馆市场销售的学术专业出版商，有了更广泛的盈利模式。他们通过对同领域内容进行组合与推荐，再通过强大的市场销售团队，让内容实现经济效能最大化。

学术专业期刊出版商在西方是出版行业中盈利率最高的部分。2007年，励德·爱思唯尔、汤姆森等几家兼具学术专业出版以及教育出版功能的国际出版集团，为了提高整体的集团利润率，居然纷纷将教育出版分支进行抛售。这对于以教育出版为核心盈利点的中国出版业而言，令人震惊。但对于这些已经完全实现数字化的学术专业出版的出版集团而言，电子学术专业期刊不仅能够带来非常高的利润，而且传统出版业的寄售制度变成了按年度收费的订阅制度，大大降低了纸质出版物所附带的关于印数和销量的风险。

为何学术专业期刊出版商盈利率高到让教育集团抛售教育出版？很多学者认为，西方的学术专业期刊出版业是一个建立在不平等制度上的出版行业，这种不平等保证了出版商的高额利润。对于身为作者的研究人员来讲，大多数国家学术制度考核他们在学术专业期刊上发表文章的影响力和数量的多少。这种制度使得整个学术体系，建立了与期刊文章发表密切相关的学术考核标准。期刊的等级越高，代表的学术水平就越高，而且很多国际期刊都要收取审稿费才接受投稿。同时，期刊的编辑是由这个行业的专家担任，他们的工资由学术机构支付，期刊的审稿体系也由同领域的学者担任，按匿名点评的方式进行。最终，这些凝结着学者心血的期刊得以出版。人们诟病于这些为学者提供科研基金的学术机构却需要再向出版机构购买这些期刊，供这个机构的学者来学习和研究。

出版商在这个过程中承担了守门人和管理人的角色。他们不干涉期刊编辑和专家的评判标准，但作为商业责任人去完成整个商业流程。同时，通过对同领域的内容进行组合与推荐，再通过强大的市场销售团队，让内容实现最大化的经济价值。

再加上国外的学术期刊定价极高，因此，即使在纸质期刊的时代，学术专业期刊出版也是利润率很高的一个分类。在数字时代，这种高额利润再次被助推。不仅因为数字出版解决了学术专业出版印数低、平均成本高的问题，同时，数字出版还给他们带来了新的盈利模式。比如：西方出版商对学术期刊采取打包捆绑销售，如果订阅单种期刊或单行本，价格昂贵，但如果订阅一个分类的资源包，就会在价格上获得很大优惠。其实这种多品种的打折促销，既降低单品的成本，又提升销售总额。同时，几个国际学术出版集团还合力打造一批必须购买的核心期刊，在这些核心期刊的拉动下，形成对其他受众相对较少的数字内容的购买。这样的售卖模式，实现了"超级明星"和"长尾需求"的结合。

除此之外，另外一个突出的例子，是《哈利·波特》系列的出版商——布卢姆斯伯里出版社，他们用售卖这套畅销书获得的现金投资建立了学术出版分支，并雇用了英国著名出版人弗朗西斯作为负责人。他们每年以数字出版的形式，出版十二本高质量的学术著作，提供线上免费阅读，但通过这些著作的按需印刷等服务，获取经济效益。而这也是建立在对机构市场用户的消费习惯的理解上。如某教授以线上浏览方式看到了这些有价值的学术著作，为了研究的需要，他非常可能希望保留这些资料，以备查询和引用。作为机构用户，他就可以利用图书馆账户，对需要的内容进行购买使用。而支付服务的机构，是他所属的大学图书馆。

剑桥大学出版社等很多学术出版商，都在数字图书馆时代找到了新的盈利点，数字出版业务在整体业务收益中所占比重逐年上升。专业出版商更是收益颇丰。以法律出版为例，传统的散页案例出版物，被法律数据库取代，出版商不需要再按月邮寄新的散页案例，而只需说服律师行成为他们法律信息服务平台的用户，就可以收到及时更新的专业内容。对于律师行来讲，一旦他们选用了某一平台的服务，就不会轻易转换，出版商就可以形成非常稳定的续订服务市场，而且不断累积新的用户，并逐年提高价格。

可以这样讲，数字时代，让主要面对图书馆市场销售的学术专业出版商，有了更广泛的盈利模式，并全方位地受益于更直接的市场介入、更有效的成本核算，以及更丰厚的销售回报。

当然，因为商业出版者对科学研究信息的垄断和暴利经营也带来了争议和抵制，国际学术界、图书情报界等机构目前致力于开放获取（Open Access，OA）行动，以开源的方式对抗出版商，以推动科研成果的交流与传播而共同采取行动。

国外出版商数字图书馆三大营销模式揭秘

西方出版商的数字内容主要通过三种方式进入图书馆的数字资源库：出版商自建平台、第三方搭建平台、馆配商自建平台。这三种渠道相辅相成，各具特色，比如：第一种平台在价格上和品种结合上具有优势，第二种在技术和用户体验上占据优势，第三种则擅长客户关系。跟目前竞争比较无序的个人数字内容市场相比，国外数字图书馆市场已经建立起了这条产业链。

在纸书时代，出版商的图书通过大大小小的图书馆配公司，进入图书馆采访决策人的视野，再进入各个图书馆。数字时代让这种传统模式发生改变。

现在，西方出版商的数字内容主要通过三种方式进入图书馆的数字资源库。第一种是出版商直接在自己的平台上供应内容，并进行直销，包括跟主要图书馆联盟谈判。像励德·爱思唯尔、斯普林格这些大型的国际出版集团，都有自己的平台。比如：励德·爱思唯尔既有专门供应法律读物市场的 Lexis Nexis，也有聚合科学期刊的 Science Direct 平台，这些包括期刊、图书、文献在内的大型数字内容平台，让出版商直接供应市场。在这些平台的支撑下，任何希望销售其内容的渠道，都需要借助出版商的平台，并付出一定的佣金费用，而出版商始终控制着对内容的交易和使用获取过程。这种方式让出版商有对市场和内容的完全主控权。

但在这种模式背后，是巨大的成本，而且需要建立在出版商对于受众市场需求的充分了解上。像励德·爱思唯尔这样的出版集团，从数字内容市场开始发展的时候，就建立了自己的数字内容平台，并逐渐完善平台的各项功能。他们可以对用户在平台上的使用习惯进行跟踪和分析，把握市场的变化，并通过分析，制定自己的内容战略方向，实现市场、用户、内容的信息互动，从而让这三者之间形成良性循环。

第二种是出版商将内容通过第三方平台进行销售。这些第三方平台通常是由技术公司演化而来。他们通过给图书馆搭建数字图书馆的使用管理平台，逐渐建立了自己直达图书馆的销售网络，同时通过给出版商提供有效的内容管理和销售平台，让内容方和使用方通过他们的平台满足各自的需求。这种方式弥补了出版集团平台单一、品种相对单一的不足，也同时给一些没有能力建立自己的平台的出版商提供了解决方案。比如：在英国的出版科技集团建立的英捷特全球数字图书馆平台上，既有像励德·爱思唯尔这样的国际出版集团，他们通过平台对接，以服务于更广泛的受众；也有小型专业内容提供商，他们利用这个技术平台的商务功能，运营为数不多但市场明确的专业内容。从覆盖范围上，这种第三方平台因为包括多家出版商的内容，可以覆盖更广泛的需求，所以比单一出版商平台更容易被更多的图书馆接受。像英捷特平台在全球的 170 多个国家有 2.5 万多家图书馆用户。

第三种是传统销售渠道的一种演变。一些大型的馆配商，通过吸收数字技术建立了自己的数字平台。他们拥有传统的渠道优势和用户基础，可以在已有渠道的基础上，提供新的数字内容产品。他们的业务人员跟图书馆有广泛的业务关系，可以推动对内容的购买。尤其是对于内容选择能力不强的图书馆，他们的专业判断可以帮助图书馆最有效地使用预算。所以虽然他们不如第一种平台在价格上和品种结合上具有优势，不如第二种平台在技术和用户体验上占据优势，但是他们的客户关系是最扎实深入的，所以也具有自己的竞争优势。只要完成各种数字内容的渠道建设，就能够与已有的供应品种一起，满足图书馆市场的多种需要。

这三种主要渠道并不是割裂的，而是相辅相成。比如：英国出版科技集团，既作为全球主要的出版科技提供商，为出版商和渠道商提供搭建第一种和第三种平台的技术，又为没有能力搭建平台的出版商，提供第二种渠道平台。同时，很多出版商又同时向第二种和第三种平台提供内容接口，让他们能够成为向自己的平台导入客户的中介，共同分享利益。

可以说，跟目前竞争比较无序的个人数字内容市场相比，国外数字图书馆市场已经建立起了在这条产业链条各个环节上相对有序的竞争合作关系。已经有比较专业化的角色细分，同时链条上的各个部分都能够依靠自己的核心竞争力，保持自己的运营模式和市场优势，以做到多赢。

数字图书馆当前面对四大挑战

数字图书馆目前面临四大挑战：作者反对出版商凭借发布渠道的垄断而收取暴利，抗议频频；需求方建立图书馆联盟以增强议价能力，削弱利润；多种受欢迎的终端尚无法投入数字图书馆的应用；来自互联网平台的挑战更是虎视眈眈。在时代的机遇和挑战下，大型出版集团支持全面内容数字化以及推行数字内容平台运营的数字出版整体战略，进而获得开拓包括个人市场在内的未来机遇，不失为发展之道。

2001年2月9日，美国总统信息技术咨询委员会向当时的总统布什提交了3份报告，其中之一就是《数字图书馆：对人类知识的普遍访问》。在此报告中，美国总统信息技术咨询委员会提出："我们相信数字图书馆能够支持本委员会1999年2月的报告《信息技术研究：投资未来》中提出的所有'国家挑战性变革'，这10条挑战性变革是所有公民能够融入信息时代并从中受益的基本先决条件。数字图书馆将在这些变革中扮演核心角色，每一种变革都会利用或需要数字图书馆才能成为现实。"

与这份报告相对，数字图书馆从一开始就纠结在社会角色和商业角色两种无法分割的身份之间。随着数字技术的普遍应用，图书馆、大学、专业机构、研究机构开始有了自己运营内容和分享内容的能力，纷纷建立了自己的研究资源平台。这些数字图书馆的最大使用者们，开始反对由纸质期刊延续下来的传统——作者和读者都是研究人员，而他们要阅读自己发表的研究还需要向出版商付出昂贵的代价。

在反对浪潮中，传统纸质期刊链条中出版商所拥有的对发布渠道的控制被削弱。一些国际知名的专业组织和学术机构，开始建立自己的开源平台，免费向研究群体和个人，提供他们的研究论文内容。不过开源资源的价值，由于缺少了传统的守门人，要获得学术界的全面认可，尚需一个过程。目前在学术评审的过程，被出版商控制的世界一流期刊仍然是最受到认可的发表渠道，但是开源已经形成了趋势，一些高质量的开源资源也逐渐进入学术评价体系。

一些出版商对此非常紧张，他们需要跟作者签订严格的协议，不允许作者将自己的文章加入到免费的开源资源中。但与此相对，另外的一些出版商，却采取了开放积极的态度，比如允许作者在文章发表 6 个月之后，在包括自己的大学教授页面在内的资源平台上，链接开源资源。虽然很多人认为这是被迫无奈之举，但是这确实降低了学术和专业机构的抵触情绪。

不少人认为，目前出版商凭借守门人角色不仅获得高额利润，而且，从某种程度上，限制了在数字出版时代研究成果的传播范围。所以出版商这种主动态度，部分满足了大众对于其社会角色的预期，为其进一步延续经济效益，获得了调整的空间。

出版商面对的另外一种挑战来自于需求方建立的图书馆联盟。由于逐年上涨的数字内容价格，图书馆试图通过联盟的方式，增强自身的议价能力，同时更有效地使用出版商打包销售的内容，几家专业大学的图书馆可以通过结成联盟的方式，一起购买一个大型数据库，然后根据自己的需求特色，分配使用不同部分的资源。对于出版商来讲，联盟的存在，一方面进一步扩大了单次销售的规模，可以在更广泛的范围内发展客户，节约了多次销售推广的费用；但另外一方面，也逐渐调整了处于垄断地位的国际学术专业出版集团在供需双方关系中的地位优势，给予了需求方更多的议价能力，降低了出版商的利润。

同时，图书馆联盟还不断提出新的采购模式，以增强预算的采购能力。比如：去年年底最新提出的用户触发采购模式，改变了以往需要由图书馆决策人在采购时圈定内容清单的方式，减少了可能跟机构所属用户的使用需求产生偏差的情况。内容平台向图书馆开放更广泛的内容权限覆盖范围，而最终哪些资源进入采购的清单，则由机构下属用户的第一次使用为触发点。这样就避免了大量采购的数据资源无人使用，而需要的资源又需补充采购的问题。读者触发的过程是隐形的，这就保证了最终用户的最佳使用体验。

多种终端的应用是数字图书馆产业的另外一个挑战。以网络为基础的数字图书馆的路径授权最常见的是通过 IP 段授权,用户名密码授权,代理服务器授权等方式实现的。而目前的手机、阅读器等终端还无法复制这些复杂的授权登录方式,也就限制了在机构环境中的用户通过这些终端,实现他们在网络平台上的用户体验。

数字图书馆模式也受到了来自于互联网平台的挑战。以谷歌数字图书馆为代表的互联网平台,打破了数字图书馆的运营模式,这些不以经济盈亏为目标,而是瞄准用户效应的模式,已经对原有模式产生巨大的冲击。但是目前还很难受到出版商的认可,也形成了内容水准偏低,以公版和免费内容为主的普遍规律。

数字图书馆和数字出版技术的发展密切相关。在数字出版技术即将进入 Web 3.0 时代,语义网等技术已经开始行业应用的时刻,出版商在构架自己未来数字出版战略的时候,要充分考虑变化中的市场环境,把技术作为实现自己面向未来的商业模式的必要手段,但是要坚定地以内容为核心,以市场为导向,多角度地挖掘内容的价值,形成面对不同市场的多种产品。

对于大型出版集团而言,以稳定的图书馆机构市场作为支撑自己数字出版业务的现金流,去支持全面内容数字化以及数字内容平台运营的数字出版整体战略,进而获得开拓包括个人市场在内的未来机遇,不失为目前数字出版发展阶段的一种解决之道。

链接数字图书馆

关于数字图书馆的定义有很多,对于出版业而言,数字图书馆是以数字内容盈利的商业模式。它的主要服务对象是图书馆、科研机构、企事业单位，承载的主要内容是学术、科技、专业类的图书、期刊和文献，内容消费方式以数据库包库、期刊订阅以及单行本数字图书及文献购买为主。

（文章原载《中国图书商报》，2011年8月30日，第018版）

图书馆采购的三大趋势

当前,虽然世界正处在金融危机的复苏期,但是图书馆的采购预算从大范围来讲没有减少,并不像很多人预计的那样,下降得很厉害。对于出版产业来讲,专业出版和学术出版的价值始终是很高的。2007年,几家大型的出版机构,像威科、励德·爱思唯尔、汤姆森等,都已经把他们的教育出版公司卖掉,更多地投入到专业出版和学术出版中,因为教育出版的利润已经不能满足企业对于利润的追求。在中国,很多人都在积极投身教育出版,但是,在数字时代,专业出版与学术出版的价值是不断凸显的。

从世界范围来讲,图书馆采购有几大趋势。

一、数字内容在资源采购中的比例会保持平稳增长态势

从2004年到2010年,全球的几大区域对数字资源使用的百分比,美国达到了58.5%。比较低的,像南美,数字资源的采购比例也达到了30.6%。全球范围内,数字资源的采购率已经从2004年的27%增长到了2010年的49.3%,2011年则超过了50%。

二、采购期刊的格式多种多样

从采购期刊的格式上来看，共分为三大类。第一类是只有电子期刊的，第二类是既有电子期刊，又有纸质期刊的，第三类是只有纸质期刊的。我们发现，在图书馆的订阅中，纸质期刊的订阅量占的比例是非常低的。更为残酷的是，欧洲的许多大型图书馆，已经开始拒绝纸质期刊。"走出去"是国家的重要战略，如果出版人还只局限在纸质内容，而没有数字内容的话，那么能够进入国际市场的可能性是非常低的。大部分图书馆订购的期刊，50%以上都是数字期刊。电子书成为出版业新的增长点，在国内市场上大家还没有太多的认识，但是在美洲与欧洲的市场中，电子书已成为2011年采购的热点，还包括过刊的买断库。一般的图书馆都是采用订阅模式，但是一部分图书馆发现购买过刊可以节省更多的成本，所以更愿意用一个固定的成本，购买一个庞大的过刊数据库，那么过刊的价值则在专业与学术出版中，被慢慢地发掘了出来。

三、发挥图书馆优势，开展信息素质教育

图书馆是高校的重要组成部分，作为信息资源的主要集散地，在信息素质教育中占有很大比例。在我国，只有厦门大学等少数几所大学的图书馆建立了机构研究信息平台。但是在美国的顶级大学中，有76%都建立了这样的平台，在其全国的学校中，这个比例达到了68%。那么在这个平台上有什么内容呢？首先是大学的论文，包括本科生论文、研究生论文、博士生论文，以及教师的研究文章。其次是教学材料，还有大学的一些数据库。在这种研究信息平台上，主要是以文本的内容为主，音视频的内容也在逐渐地提升比例。为什么大学需要建立这样的平台呢？主要有两个原因：一是OA的问题。在国外，教师发表文章，学校需要付给教师相关的费用，文章发表以后，学校需要的时候还要通过

期刊的形式买回来,这样很不划算,研究信息平台可以满足这方面的需要。二是论文也是一个庞大的信息研究的来源,所以这些大学在三到五年内,纷纷建立了自己的研究信息平台。

(文章原载《出版参考》,2012年2月下)

数字时代的期刊业：一半火焰一半海水

期刊在英语里有 magazine 和 journal 两种翻译方式。magazine 是娱乐产业的一部分，而 journal 指的是专业和学术期刊，这两种期刊的收入来源是完全不同的。所以会有今天的题目"一半火焰一半海水"，一半火焰指的是大众杂志，而一半海水指的是专业和学术杂志，这两种不同的业态和发展方式造成了它们各自在数字时代不同的发展侧重点。

数字出版整体的发展

数字出版发展经历了三个阶段，这三个阶段展示了人们是如何接受新的变革发生的。

第一个阶段是 1990 年到 2000 年。当时是以出版《骑弹飞行》为标志性事件。斯蒂芬·金的《骑弹飞行》号称只以网络形式发行，这本书只有四万多字，但是却在短短 24 小时获得了 50 万次下载，为出版商和作者赚取了 200 万美金，这一事件标志着我们进入了数字出版时代。当时安达信预测，2005 年数字图书的销售将占据整个出版业的 10%，但这个数字是延后了五年在 2010 年才实现的，这五年里发生了很多事情，实际上是因为狂热而产生的不正确的判断所导致的。为什么会产生这样的错误判断呢？首先，《骑弹飞行》的成功不具有普遍性，这种非普遍性的事情并不能标志着人们就可以完全用网络版去读书，也就是说，当我们看到一个数字版或网络版产品取得成功的时候，我们应该清楚是因为它内容本身的原因还是因为采取了网络的形式才会成功。其次，《骑弹飞行》号称是第一本只在互联网上发行的图书，其中"第一本"的噱头本身也是一个炒作点，所以很多用户出于猎奇的目的进行了探索性的下载，因此，在这样特殊的情况下发生的一个偶然性事件就让安达信和很多人认为数字出版已经到来了。

从 2000 年到 2007 年，数字出版就进入了一个质疑的阶段。当时质疑大致表现为三个方面。第一个是对屏幕阅读的质疑，因为大家不习惯屏幕阅读这种方式。第二个就是资金链断裂，因为整个数字出版行业都是依靠风险投资运行，纳斯达克股灾使得数字泡沫破裂，数字出版陷入低潮。第三个是版权的质疑，这个问题到现在都没有解决。版权的质疑有两个标志性事件。一个是 2005 年 10 月出版商开始状告谷歌，从这个事情中出版从业者看出了数字出版没有赚到多少钱反而惹了一身麻烦。另一个是商品的所有权和知识产权的对抗。传统出版中，我们购买了一本书或产品，这本书就归读者所有，购买过程是一个商品所有权的转移，读者对商品有完全的所有权。而在数字内容的交易过程中，所获得的并不是商品所有权，获得的只是一种知识产权的授权，购买了电子书，只是对电子书的阅读的授权，并没有授予其传播的权利和对它进行任何形式操作的权利。在 2000 年到 2007 年，人们对版权的质疑达到了一个顶峰，在此期间还发生了机构的发展饱和，因为数字出版初期发展比较好的是数字图书馆，当时能够装数字图书馆的机构基本上已经达到饱和，在这种情况下加剧了悲观的判断。数字出版的增长点不知道到底在哪里，而学术出版和专业出版则在此期间得到了长足发展。

从2007年至今进入到一个突破与爆发的新时期，2007年亚马逊发布第一代Kindle电子阅读器成为一个划时代的事件。Kindle的发布为数字出版的发展找到了渠道，大家开始了解数字内容到底依靠什么终端来看，同时也刺激了整个数字出版的发展。2010年，在美国十大畅销书中，电子书的销售已经超过精装本和平装本的总和。

大众杂志

大众杂志就是所谓的"一半火焰"。首先，以《时代》杂志的首页为例，我们会发现它的网站主页的最重要部分是关于如何在各种硬件终端上显示内容的介绍，这标志着杂志出版商已经将多媒体多介质的应用作为其发展的重点宣传内容。《时代》杂志可以在iPad、手机等终端上阅读。根据英国2011年的数据显示：世界范围内，互联网用户的增长已经全面减速，英国甚至出现了负增长，这一现象说明，互联网的普及度已经非常高了。这对业界的启示是现阶段对内容的深度经营尤为重要，一旦用户的扩展开始减速，对用户市场的深层经营就显得更重要。英国互联网用户的增幅降低了1%，其他业务是个位数增长，这与2009年之前所看到的三位数增长是不能同日而语的。在经济衰退的大环境下，世界范围内的大型出版集团的纸质大众杂志出现了增长。在介质方面，硬件产业的发展和介质的发展是密切相关的，2011年第三季度，平板电脑的销售比2010年同比增长了263%，以平板电脑为介质的数字内容将成为2012年的重中之重。原因主要有：一是iPad继续保持很高的市场份额，2011年亚马逊推出它旗下的平板电脑Kindle Fire，售价199美金，它的发布将会带动安卓系统的推广，使之逐渐成为和iPad一样强势的系统。同样不可忽视的是微软，2012年，微软将会推出专门针对高端和商务人士的平板电脑，特色还在于它将内嵌所有的 office 系统，突出优势就是可以实现 office 的同步，无疑它也会占据一个比较重要的市场份额。但是目前来看，平板电脑主要销售于大众市场，在商务市场的销售是比较低的，跟 PC 机还是难以相比。

刚才是从宏观到微观的背景介绍，接下来重点讨论出版社或是杂志社在决策时所需要考虑的问题。第一个是对于纸质版和数字版的角色定位问题。据美国杂志协会的一项调查显示，90% 的平板电脑杂志读者表示，阅读数字版并没有减少他们对纸质版的消费。66% 的被调查者将更多地消费数字杂志。63% 的用户希望可以提供更多的数字版。55% 的用户愿意阅读纸质期刊的过刊。88% 的用户希望保存一篇文章或一期杂志。86% 的用户希望与人分享杂志。这项调查是我们思考纸质版和数字版定位的很好依据。第二个是对数字杂志的阅读期待。根据调查显示：76% 的用户希望能够有更多的电子阅读站。所谓电子阅读站其实和纸质杂志的报刊亭所起到的作用是类似的。目前数字版还没有这个功能，而用户则希望有一个随处可见的数字阅读站，就像报刊亭一样能够体验和感受数字杂志。79% 的用户希望能够更容易找到特定的文章下载。在找文章的过程中，大众杂志的标引和学术期刊比起来差很多，所以在大众期刊的数字版中找东西是很困难的一件事。82% 的用户希望当购买移动阅读终端的时候能够包含一张数字杂志订阅的礼品卡。现在中国的平板电脑市场在迅速地崛起，以礼品卡的方式可以让用户有第一手的感受。82% 的用户希望有一样的浏览功能界面。每一本杂志的 APP 界面都不一样，这样用户觉得很不方便，所以他们希望杂志的浏览界面保持一致。70% 的读者希望数字版本中的视频能够短于一分钟，用户在读杂志的时候并不期待放一个电影在里面，很多出版商的误区之一在于认为多媒体越多越炫越好，现实并不是这样。总之，以上这些调查可以反映出读者对于数字杂志的某些期待。

专业和学术出版

专业和学术出版，说它是海水，因为它很平静，但是它的量很大。数据显示，图书馆的总预算从地区分布是有变化的，北美和欧洲受到经济危机的影响，预算增长缓慢；而在亚太和新兴国家增长是最迅速的，2011年相对于2010年增长了4.6%。2004年北美大型的图书馆对电子资源的采用率是29.6%，2011年有61.3%的预算投入在数字资源上。可见，专业出版和学术出版做数字出版是必由之路。在电子资源的预算上，北美达到了58.8%，欧洲达到了46.4%，亚太是46.8%，南美是30.6%，可以看到，电子资源在整个图书馆预算中所占的比例是急速增长。如果杂志没有数字版供应的话，进入机构市场的可能就会越来越弱，这个趋势是不可逆转的。

而在格式上，一种是只有数字版，一种是只有纸质版，还有一种是数字版和纸质版兼而有之。只有数字版的出版社占69%，有15%两种形式兼而有之，只有纸质版的占到了25%。总之，在专业和学术出版领域，数字出版已经不是要不要的问题，而是要如何做。

使用电子资源的比例分布情况如下：北美是100%，所有的学术图书馆都使用电子资源。欧洲是98%，因为欧洲的大学学术历史悠久，因而馆藏压力更大。亚太也达到了98%，南美是94%。不存在任何对市场的局限，所有的图书馆全部都接受并使用数字版的期刊。外国的大学都建立了自己的研究信息平台，大学所有老师的论文文献和硕士以上学生论文集中在大学本身的研究平台上。对于中国来说，这是一个空白市场。

当我们采用技术服务的时候应该有哪些期待，所搭建的技术平台要实现哪些功能，在考虑这些问题时有以下几个因素：

第一，技术一定是为内容服务的。在专业和学术领域，技术能不能提升内容的价值，如果提升内容价值，主要有几种方式。一是全索引的链接，就是最大程度地增加被链接的可能性，被链接就意味着增加了被索引的概率。二是为内容增加附属信息，现在的学术期刊的数字内容很单薄，简单的就是一个摘录，但是出版商可以通过扩充一个附属的信息增加被找到和使用的几率。三是优先出版或是印前出版技术。四是水印技术，水印的存在意味着这个内容是一个版权作品。第二，帮助提升业务的功能。突出的是用户统计工具，平台能够支持统计用户行为，这样才能支持市场战略。能够明确用户是通过什么搜索搜到的，是如何使用的，在哪篇文章上停留了多长时间，这些统计到位了，内容才会越做越好，内容数字化之后的重要的方式是未来内容发展的战略，这是在纸质环境里做不到的。第三，支持内容发现和开辟新市场。在学术和专业出版中，搜索很重要，你的平台和采用技术要对搜索有全面的支持，不能单单是第三方的搜索，所有的平台都要有完善的搜索功能，甚至要面向未来的语料库。第四，多语种网站。很多期刊都有"走出去"的想法，在国际市场要考虑有多语种的支持，以及多种货币和税收政策的影响。第五，社交软件的互动。Ingenta 网站的界面非常简单，如此简单的界面还有 Facebook、Twitter，当用户点开一篇文章的时候都会提供社交链接的功能，支持很迅捷的社交分享。第六，平台所支持的商业模式要灵活。出版商对定价是完全操控的，卖订阅、卖单行本还是卖下载或是线上浏览，是英镑、美金还是欧元全都是由出版商决定的，而后台必须支持出版商的运营需要，支持它的商业模式，这样出版商才能根据它的内容创造新的商业模式。第七，专业和学术出版方面的格式越来越多，所以在平台的建设中，要对多种格式有一种预留。

（文章原载《出版参考》，2012 年 4 月上）

出版业的第三次革命

编辑手记：

尽管消费者埋怨图书价格偏高，多年来人均购买量没有实质增长，纸质图书好像从没有担忧过自己的命运，依然恣意市场，可是畅销书却越来越少。

尽管互联网造就了人们碎片化的浅阅读，逐渐失去深度思考的能力，纸质图书好像从不怀疑自己角色的重要，依然对未来充满憧憬，互联网到底会把我怎么样？也许因为Kindle、iPad的直面体验，书香吸引力渐趋模糊，文字的数字化阅读，方兴未艾，不啻为一场革命，一场文字传承的革命。

于是，数字出版成为国内出版商、渠道商、运营商们的热门话题，尽管还没有清晰明确的商业模式，但"时间穿越"的智慧，笃定认为是出版未来的不二方向，犹如凤凰传媒董事长陈海燕所说的那样，即使没有清晰的盈利模式，但依然要做。数字出版战略也成为这一出版巨无霸数字化转型的第一战略。

英国出版科技集团中国公司总裁孙赫男说，纸质图书即将成为奢侈品。如若放到传统的图书出版，纸质图书无论如何也不会和奢侈品联系起来，一本几十元的图书怎么会成为奢侈品呢？是稀缺还是价值使然？

或者说一本纸质图书，要成为奢侈品，要走多远的距离？在这样的距离中，究竟会发生一个怎样的故事，抑或是一个涅槃式的重生？

好像还是看不清楚。

但一切好像直指数字出版，究竟数字出版是什么？又如何深度影响出版业的未来？孙赫男日前应邀到青岛出版集团，就数字出版的发展历史和未来趋势，以及存在的方式等话题，以其对数字出版的深度研究，给出了客观深入的分析，尤其是对当下出版业的数字化向往，颇具参考价值，本刊特别编发如下。

从历史看现在和未来

作为出版人，对新时期的出版形式，大家都有些思考。当下，我们无疑面临出版业的第 3 次变革——第一次变革适逢活字印刷术的发明，就是中国的毕昇和德国的约翰内斯·古登堡；当科学家王选发明了激光照排系统，出版业迎来了第 2 次变革；我们现在经历的是出版业的第 3 次变革，即数字出版时代的到来。

1929 年美国经济大衰退，美国的出版人担心影响到出版产业的发展，通过著名公关专家伯内斯的天才构想和强力公关，掀起了一场"家庭书架运动"，这场运动中图书业和建筑业实现了完美融合，在新建造的房子中，设置了书架和书房两个必要的元素，从而把本属于贵族消费的产品——图书，引入了寻常中产家庭，大大释放了图书的阅读范围，让阅读走向了中产阶级，出版产业也由此实现逆势增长，并且形成了今天美国现代出版业的主要基础。

反观当下，我们仍然处于世界金融危机和欧债危机的深度影响之中，内外经济的不景气，并没有影响图书业与互联网产业的融合，正是这样的产业融合，数字出版扩大了图书阅读的受众范围，这也是为什么金融危机之后出版业反而在数字出版领域实现了爆发式增长的原因。

数字出版的三个阶段

伴随科技的创新进步，数字出版也是近几年才快速发展起来，大体经历了3个阶段。

第一阶段是在2000年以前，这个阶段非常狂热，世界上第一本只在互联网上发行的书叫 *Riding the Bullet*（《骑弹飞行》），这本书定价4美金，2000年3月14日上线，24小时之内被下载50万次，为出版社回款200万美金。在这之前，没有一本书能够在24小时内给出版社带来如此丰厚的回报，正因为这样，包括安达信在内，都普遍认为出版业正式进入了数字出版时代。但大家很快发现这并不是一个具有普遍性的事例。因为图书作者Stephen King本来就是一位拥有很多粉丝的成熟作家，而且作为第一本只在互联网上发行的图书，抓住了眼球，但是不具有可重复性。当时这个现象迷惑了很多人，认为它代表了出版的一种趋势，但是数字出版的春天其实远远没有到来。

第二阶段是在2000年到2007年，整个数字出版领域充满着质疑。一方面，由于数字出版是靠资本运作的一个产业，当纳斯达克的泡沫破灭，当金融市场出现风暴，数字出版的资金链就会断掉，早期很多的数字出版项目也由此消失。另一方面，数字出版发展到一定阶段，版权问题就会凸显，为什么出现版权纠纷？这是因为作者和出版社都希望能够拥有自己的利润，版权纠纷实际上是一种商品的所有权和知识产权之间的冲突，这两个概念的冲突代表了纸书到电子书，从拥有商品所有权到获得阅读授权的不同，并由此产生了这个时期的版权质疑。

第三阶段是在 2007 年以后，数字出版呈现突破与爆发态势。由于机构市场出现了饱和，开拓个人市场成为必然之势，2009 年，数字出版走到了一个非常关键的节点上。亚马逊公司 2007 年发布了 Kindle 电子阅读器，为数字出版搭建一个内容发布的平台，2011 年 Kindle 电子书销售已经全面超过印刷图书，就在这一年，企鹅集团电子书销售增长 130%，收入占到企鹅集团收入的 23%，数字出版的收入逐渐成为一些大的出版机构收入的重要构成，如：阿歇特电子书收入占到 23%，哈伯柯林斯占到 19%，西蒙舒斯特占 17%。这些数字说明什么？这表明数字出版已经不再局限于学术出版和专业出版，开始进入大众出版。

专业出版乃数字出版的首选

数字出版起始整合已经结束，整个产业从无序走向有序，内容垄断正在形成。纸书的市场越来越萎缩，几乎所有的民营公司都在数字出版这个领域"跑马圈地"。核心业务整合是加强竞争力的大势所趋，传统出版是由专到全，而数字出版是一个由全到专的过程，几乎所有的大型出版集团在数字出版方面，都试图找到自己专业的、核心的业务，而不是试图覆盖所有业务。因为专业出版是数字出版领域里面发展最强势的，也是利润最高的。

专业出版是一个高度的细分市场。励德·爱思唯尔公司拥有数千种期刊，并还在不断兼并整合新的期刊。由此产生的内容市场可以细分到很小的受众群，从而创造非常大的价值。它的专业出版，已经达到内嵌专业工作流程的水平，比如医疗出版，已经不再是出书、出信息或者期刊，而是出医院管理平台、信息平台，技术和内容融合在一起。

大众出版领域，其实是一切皆有可能，目前还处于相对一团混战的阶段。百科类就是一个全面的数据库，不列颠大英百科全书宣布停止纸质版的出版，就是因为百科类全部变成数字出版，没有纸质出版的必要。

教育出版成为各个出版集团一个必不可少的重要板块，很多集团都是靠教育出版来支撑。但是在2007年，世界出版业三大集团抛售了各自教育出版，为什么？不是不挣钱，教育出版当时利润率在20%以上，但当时数字化专业出版利润已达到100%以上。相比之下，教育出版利润率过低，而且教育出版跟政府决策非常密切，当时专业出版已进入生死决战，所以他们选择放弃教育出版，去保存专业出版这个最赚钱的领域。

关于数字出版的几个新老问题，我们在做传统出版的时候，会问自己几个问题——为什么市场，以什么价格，在什么时间？出版纸书要思考的东西，对数字出版也是一样。

第一个问题就是为什么市场？因为在数字出版领域，交互式的市场交流成为一种可能，而纸书却做不到这一点，数字出版最大的好处是可以认识买你书的人。将来出版业的发展，很大程度取决于在互联网上的话语权，因为传统渠道能够提供的市场影响越来越小。

其次是以什么价格？传统出版很大的成本是在印数和价格的关系，数字出版的好处是可变成本逐渐消失，但是固定成本和传统出版一样，而且内容成本增加了，这就是为什么今天要讲版权。因为传统出版签个合同，纸书的出版权就解决了，数字出版不是这样，需要有很多的细分版权，这种细分版权会越来越多，版权成本也会增加。数字出版的大多数授权不是排他性的，出版机构在获取这些权利的时候，就需要非常细致的规划，哪个渠道能获得哪样的回报，这样才能有的放矢。

再就是什么时间？一个很痛苦的问题——版权合同时间太短。数字出版其实是一个从绝版到永久出版，就是书永远在版的过程。如果我们版权合同时间非常短，这种价值挖掘的周期就会非常短。这样就造成很多书，在数字出版领域没有办法挖掘，很多出版社现在甚至有三年的合同，但这基本做不了数字出版。

数字出版在解决传统印数的同时，实现了受众的突破，走向真正的大众，另一方面也可以是走向真正的小众。数字出版还有一个突出问题，就是以什么为介质？与传统出版的介质不一样，数字出版有很多新的介质——互联网、听书、阅读器、平板电脑、手机等，这些新介质说穿了就是"纸"，那在出书的时候就要明白这些硬件的成本是什么，功能是什么。这些新介质，就跟我们纸的选择一样，什么样的内容适合什么介质。所以内容和介质所属平台的契合度非常重要。

数字出版如何赚钱

数字出版目前有三个方式——做平台、做产品、做服务。做平台，像原创文学平台——盛大文学，硬件绑定平台——汉王书城，阅读门户平台——新浪读书，电子商务平台——像京东商城、当当网。做产品，出版社做得比较多的是产品，条目式的数据库产品，还有多媒体的互动产品。做服务，就是平台和产品的绑定。

平台来自于互联网产品，是不赚钱的，"起点中文网"去年赔了600多万元，所以做平台，瞄准的并不是靠东西赚钱，而是通过扩大规模，形成资本优势，尽管平台不挣钱，但一朝上市身价百倍，所以互联网与产业玩的是资本，产品和规模两者最好的平衡就是产品和平台绑定形成一种服务。

"起点"是怎么赚钱的？1000字2分钱，按章节收费，一个章节3000字到6000字，现在已经拥有4300万用户，作者超过100万，作品超过300万。"起点"和作者55分成，收入一部分是订阅收入，一部分是道具，起点的道具就是献花、粉红票和氏壁，其作用就像古代往戏台上扔金子，很多网络原创文学网站的道具收入已经超过订阅收入。

第二个模式是硬件绑定平台模式，其代表是亚马逊。亚马逊首先是Kindle阅读器绑定其平台，像汉王书城、像中国移动的手机平台，都是这种硬件绑定平台。"汉王"现在已经成为股市的一个笑话，就是因为没有遵循出版规律，无限降低了出版物的价值，单靠卖硬件是很难持续盈利的。现在资源库还是一个很主要的市场，因为采购对象是机构市场、图书馆市场，所以销售上利润会比较高一些。

数字出版的版权和信息网络传播权，其实处于一团混战局面。它到底属于谁？现在没有定论。属于作者吗？从法律上讲，它好像属于作者，但是没有出版社，哪有这本书？没有这本书，哪来的网络信息传播权？属于出版社吗？那作者不愿意，因为著作权人是作者，所以这种新增权利第一肯定是作者的。

处理这个问题存在两种方式，一种是美国方式，一种是英国方式。美国方式就是从"战争"中确定规则，很多作者直接在亚马逊上销售自己作品，同样的纸书销售20美金，作者自己在亚马逊上直接卖4美金，对此出版社叫苦连天。而英国是什么？君子协定。就是说出版社认可作者对于这个权利的所有权，不跟作者争这个权利的归属，但作者要承认出版社对于这个权利的使用权，作者有持续从这项权利中获得经济利益的权利，而出版社通过君子协定，获得了自己使用内容、发展数字出版的空间。

这两种方式的核心都是希望能够通过产业内部协调，形成运行规则。现在数字出版领域有个共同话题，就是国家为什么不能尽快建立版权保护制度？但只有当一个产业形成了清晰的经济规模，这个时候国家的决策才知道怎么样去介入，怎么样去保护，现在的形势下，提出任何的方式都是片面的。只有当这个领域形成足够巨大的利益群体的时候，才能形成推动力量，推动立法，通过政府引导、企业推动、社会参与来解决。在数字出版领域，技术采用成为经营战略的一部分，技术采用的目的有三个：首先是主动为了盈利，采用技术不是为了技术而技术，一定要为出版社带来利益、带来利润，挣钱也有两个方式，一个是扩大市场收入，通过技术平台扩大市场覆盖，扩大产品受众，一个是通过技术采用，降低生产成本。

其次是因为竞争而被动采用技术，数字出版除了带来利润之外，可以帮助纸质出版物挣钱，通过技术平台，能够增强纸质出版物的竞争力，另外这也是数字出版内容竞争的需要，没有平台就很难获得图书的信息网络传播权。

第三是为了面对其他新进入者的竞争，像京东、当当，它的平台本身就很强势，如果出版社没有平台，就失去和他们对话的权利。很多出版社现在都把内容授权给这些平台，但西方很多出版社自己有平台，所有合作方都需要到出版社的平台去拿内容，所以没有平台就没有话语权。

技术采用有三种方式，一种是购买，速度快、成本低，就像我们使用Windows，买了装上就能用；一种是自营，由于出版企业对技术成本负担的承受力是相对较弱的，吸纳技术人才的吸引力会相对较弱，这种方式整体上不大适合出版社采用；第三种是一种联盟方式，笔者认为这是出版机构应该采取的，出版进入数字时代，出版社需要有一个技术商，形成一个坚定联盟，就是你中有我，我中有你，甚至对于有实力的出版机构，可能会参股一些技术企业。

杂志的数字出版图景

目前，杂志产业已经全面进入到跟不同介质的全面结合阶段。杂志的广告市场,在 2007 年之后出现了逆势增长,金融危机反而让杂志的广告业不断增长,但杂志原有空间限制了这种增长,更多的广告商希望有更多的广告展示空间,时代集团去年年底,将所有的 21 种杂志全部放到了平板电脑上。

而平板电脑的应用,未必就是杂志的数字版,这是一个误区。杂志的 APP,不一定是杂志的数字版,而更多的是利用杂志本身的人力优势和内容方式,所形成的垂直型 APP。做 APP 切忌高大全,有一个 APP 叫"生活百科",一开始没有人下载,因为看上去太空了,后来拆分成"优惠券""附近的饭店"等,做成垂直类就好了。所以当我们一个期刊或者杂志考虑做 APP 的时候,思维不要被局限,不要想着数字化就是把我们的纸质杂志变成数字杂志。

美国杂志媒体协会的一个最新调查显示,对数字杂志的广告,59% 的受众希望能够有直接从广告购买的功能,就是我们纸质杂志上的广告,你是点不进去的,而数字杂志,读者是希望能够点进那个广告直接购买,这是非常重要的。70% 的读者希望能够直接购买编辑推荐的产品和服务,数字杂志如果能实现这一点,是非常满足用户的需求。73% 的读者曾经点击数字杂志的广告,这个数字比率是非常高的,也就是说,对于广告市场来讲,数字杂志的广告平台,远远大于纸质杂志的广告平台。

但一本杂志是否需要数字版的杂志,杂志出版商或需要考虑以下四个问题:数字杂志是否能够建立有效的新收入渠道?是否能够扩大现有的订阅群体?是否能够获得广告用户的认可?是否是保持竞争地位所必须的?

那么杂志的数字版是否应该不同于纸质版?需要考虑这样的不同,是否可以延伸扩展用户群体?是不是能够吸引新的客户?如果不能吸引新的客户,它只是纸质的一种补充。而且增加的成本是否能够带来收入的增加，如果要做多媒体，多媒体的形式是否能带来新的用户、新的订阅？杂志的数字出版，有一点非常重要，就是对工作流程产生怎样的影响？一个杂志决定提供数字版杂志，或者提供 APP，会对工作流程产生影响，但杂志出版商往往在决策的时候忽略这一点。

总的来看，对于国际出版集团，数字出版业务和收入已经成为集团的业务支柱，如：励德·爱思唯尔 2010 年的总收入是 20.26 亿英镑，61% 来自于数字出版和数字资源，尤其在科技出版方面，收入的 86% 来自数字资源。Springer Link 也是这样，2010 年全文下载的次数已经超过 1.87 亿次，尽管 Wiley 是数字化最慢的，但是数字出版已经占到总收入的 40% 以上。所以数字化进程已经不是我们要不要做的事情，而是已经成为出版业在学术和专业出版领域的收入主流，大众出版究竟怎样，人们会拭目以待。

（文章原载《商周刊》，2012 年 4 月）

初始阶段的最后时刻——构建赢利的国际化数字出版

丘吉尔在"二战"进入僵持阶段的时候说过:"现在还不是结局,现在甚至还不是结局的开始,但是,可能已经是初始阶段的结束时刻。"中国的数字出版产业就处于这样一个时刻,数字出版的起始整合阶段已经接近结束,市场正从无序走向有序,新一轮的国际内容垄断正在形成,成熟的数字出版产业服务体系正在形成。

一方面,数字出版打破了地域局限,为出版产业打开了国际化的大门;另一方面,只有国际化,才能发挥数字内容的最大价值和市场潜力,两者之间的密切关联是与生俱来的。中国出版产业正值走出去和数字出版产业转型的关键时刻,如何有效地将两者结合起来,构建赢利的国际化数字出版商业模式,是值得我们进行战略性思考和布局的重要问题。

正如英国出版科技集团全球总裁乔治·卢塞斯在接受采访时所说,中国出版产业走出去需要一个全面的、包容的、国际化的,而不是仅仅以中国或中国文化为中心的解决方案。出版社实现走出去的平台或内容服务应该集中于给西方读者创造简单便捷的购买环境,运营的核心永远是读者。在渠道上,不要只依赖一个渠道,而是利用一切可以利用的渠道，因为数字出版的优势就在于兼容并包。同时要善于从别人的错误和成功的例子中学习和借鉴经验。中国出版业的机遇非常好，因为西方出版业对于数字出版的初期探索积累了很多宝贵的经验，能够帮助中国出版业少走弯路，获得更快的发展。中国已经取得了经济上的强国地位，新技术的发展可以帮助中国出版业和文化产业打破地域的局限，帮助中国逐渐树立文化大国的地位。

一、从狂热到有序——数字出版的三个阶段

西方数字出版的发展大体经历了三个阶段。第一阶段是在 1990 年至 2000 年，数字出版处于兴起之时的狂热状态。世界上第一本只在互联网上发行的书叫《骑弹飞行》(*Riding the Bullet*)，定价 4 美金，2000 年 3 月 14 日上线，24 小时之内被下载 50 万次，为出版社回款 200 万美金。在这之前，没有一本书能够在 24 小时内给出版社带来如此丰厚的回报，正因为这样，包括安达信在内，都普遍认为出版业正式进入了数字出版时代。但大家很快发现这并不是一个具有普遍性的事例。因为图书作者斯蒂芬·金（Stephen King）本来就是一位拥有很多"粉丝"的成熟作家，而且作为第一本只在互联网上发行的图书，抓住了舆论的关注。但是，当时这个现象迷惑了很多人，认为它代表了出版的一种趋势。

第二阶段是在 2000 年到 2007 年，整个数字出版领域充满着质疑。一方面，初期的数字出版缺乏赢利能力，主要依靠投资市场和国家项目的支持，当纳斯达克的泡沫破灭，金融市场出现风暴，政府研究预算缩水，数字出版的资金链断掉，早期很多的数字出版项目也由此消失。另一方面，数字出版发展到一定阶段，版权问题就会凸显。2005 年出版商联合状告谷歌就是这个矛盾的集中体现。作者、出版社和运营商，都希望能够使用这项技术进步带来的新权利，而法律的滞后性带来了灰色地

带。数字版权纠纷实际上是一种商品的所有权和知识产权间的使用方式冲突，体现了从纸书到电子书，从拥有商品所有权到获得阅读授权的不同。在这个阶段，专业和学术出版全面进入数字出版时代，并且成为最具有赢利性的出版产业门类，励德·爱思唯尔，施普林格和约翰·威立等专业出版集团通过全面数字化以及对核心业务的整合，确立了自己在这个领域的垄断地位。

第三阶段是在2007年以后，数字出版呈现突破与爆发态势（见图1）。由于机构市场出现了饱和，开拓个人市场成为必然之势。

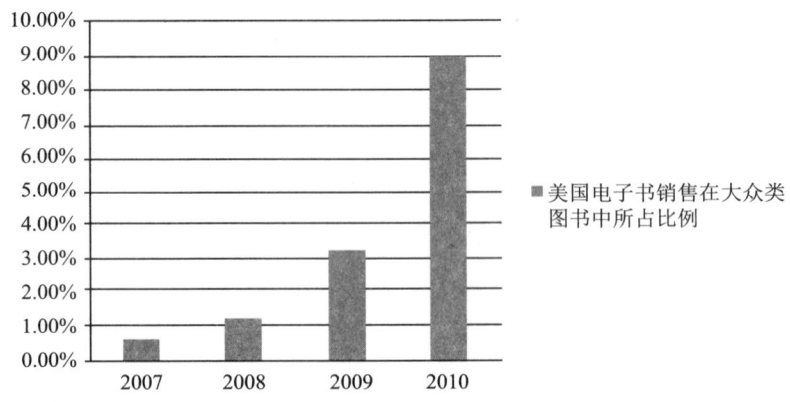

图1　美国电子书销售在大众图书中所占比例

亚马逊公司2007年发布了Kindle电子阅读器，为数字出版搭建一个内容发布的平台，2011年Kindle电子书销售已经全面超过印刷图书。同样是2011年，企鹅集团电子书销售增长130%，收入占到企鹅集团总收入的23%。数字出版的收入逐渐成为一些大的出版机构收入的重要构成，如阿歇特电子书收入占到23%，哈珀·柯林斯占到19%，西蒙·舒斯特占到17%。数字出版已经不再局限于学术出版和专业出版，开始进入大众出版。

二、从规模到利润——数字出版赢利模式的基础

从 2011 年的下半年开始,全球互联网用户增长全面减速,有些国家还出现了负增长(见表1),从爆发式增长到全面减速,互联网产业靠扩大用户规模的发展模式已经要转入挖掘用户价值的时代,而内容的重要性凸显,运营商需要通过与出版商达成合作,通过内容价值、内容建设来深入挖掘网络用户的价值。

表1　2011 年 7 月全球互联网用户统计

国家	2011 年 7 月互联网用户总人数(万)	相比上年增加率
英国	3870	-1.0%
法国	4060	—
德国	4810	7.6%
意大利	2860	11.0%
美国	19990	2.6%
日本	6190	4.0%
澳大利亚	1480	1.8%
西班牙	2240	—
巴西	4490	14.3%

关于数字出版的赢利模式,很多学者和业内人士都认可克里斯·安德森(Chris Anderson)的长尾理论,认为数字出版的赢利点在于长尾理论所阐述的,通过供应海量种类的内容,内容商可以利用数字平台的无限空间,扩张供应种数,获得微利润的叠加收益。中国的很多数字出版内容运营平台也建立在这种模式上。所以我们看到无线和有线网络上各个数字内容平台都以扩张内容供应种数为目标,动辄宣称上线几十万种图书,并为获取信息网络传播权的授权,付出巨大的授权成本。投资商和企业在进行数字出版项目并购时,也把对平台内容种数作为判断价值的主要指标。

而事实上，对数字出版内容产品种数扩张带来的成本预估严重不足，长尾理论建立在对电子商务环境中扩张种数的"零成本"假设，而通过近年来数字出版的实践操作，这种假设是不成立的。数字内容从获取到存储，到实现流畅的线上供应，带宽保证，都是有成本的。建立在"零成本"假设上的盲目种数扩张，会极速用尽资源。长尾理论缺乏对成本—收入—赢利—风险的全面分析，而片面地集中在扩张种数可能带来的收入模式分析上，形成某种程度的误导。

同时，长尾理论缺乏对于数字内容的风险成本和机会成本的考虑。而事实上，海量内容带来巨大的版权风险，几十万种内容，版权不明晰的内容比例客观存在，即使避免主动侵权，由于授权链条上的信息缺失导致的被动侵权也不可避免。随着作者开始重视信息网络传播权的价值，授权具体方式进一步细分，出版机构和运营平台经常被一起诉上法庭，众多的数字出版企业版权赔偿成本逐年上升。

同时，以国内某著名电子书运营平台为例，超过20万种数字图书的加工成本带来了巨大的运营成本投入，而鲜少问津的长尾内容不管是在版权风险上，还是在客户服务上，都带来了巨大的问题。长尾内容由于出版时间较早，版权关系缺少足够关注，占了被诉讼比例的绝大多数。同时，很多长尾内容在唯一一次产生销售的时候，用户发现信息不全或者错误，进而进行投诉。在这之上，还有持续增加的，为长尾内容付出的硬件软件环境成本和管理成本。

数字内容的运营商逐渐发现，在安德森的长尾理论下构建有效的数字出版赢利模式非常困难，在那条著名的长尾图上，有一条被忽略的成本线。而成本线之下的长尾越长，就会产生越多的运营亏损（见图2）。数字出版产业在经过初始阶段的资本扩张刺激下的狂热之后，应该进入理性的思考，从盲目扩张长尾转变到以获取利润为核心。

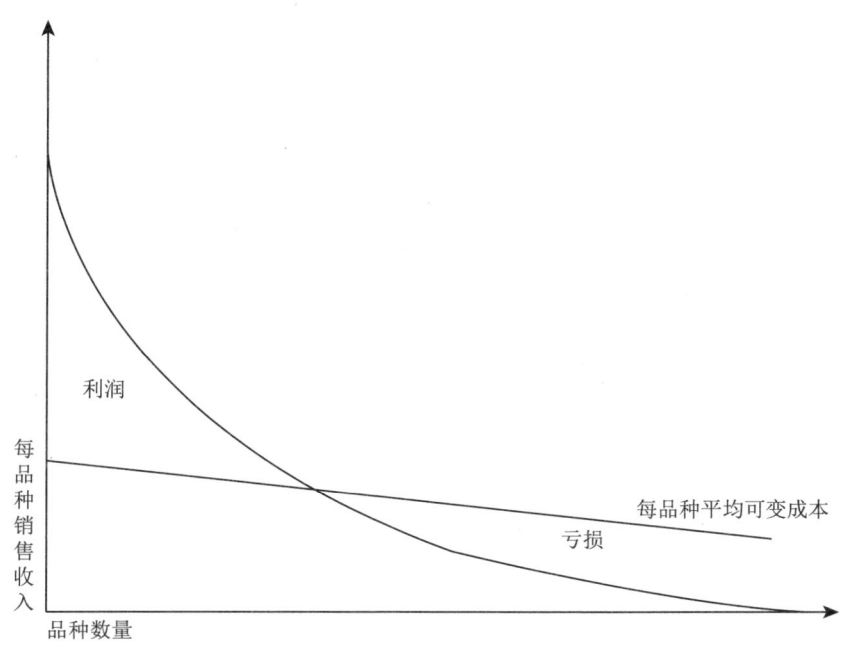

图 2　被长尾理论忽视的成本线

三、从机构到大众——数字出版的国际扩张路线

数字出版业务和收入已经成为学术和专业出版领域的国际出版集团的业务支柱。(如励德·爱思唯尔 2010 年的总收入是 20.26 亿英镑，61%来自于数字出版和数字资源，尤其在科技出版方面，收入的 86% 来自数字资源。施普林格在线内容平台 2010 年全文下载的次数已经超过 1.87 亿次。尽管约翰·威立出版集团是数字化最慢的，但是数字出版已经占到其总收入的 40% 以上。)

据调查统计，学术图书馆采购数字资源在总资源费用的所占比例，从 2004 年起逐年上升，全世界范围从 27% 上升到 2010 年的 49.3%，在北美和欧洲地区已经全面超过纸质资源预算，数字出版成为内容进入全球机构市场的必要方式。

中国数字出版产业的国际扩张，机构市场是重要的收入支撑，出版机构应该善于挖掘机构市场的需求，通过图书馆这一垂直的集中渠道，获得市场反馈，发展更适合市场需求的内容，并将其作为支持版权获取费用和市场开拓成本的支撑。这也是被众多国际出版集团的成功经验所证实的重要方式。数字出版要获得有效的赢利，需要通过集中的市场目标，进行有效的需求收集，而大众渠道目标兴趣分散，不可控因素多，跟本土文化的黏性大，对于刚刚开始熟悉国际市场的中国数字出版产业，风险较大。

中国数字出版的国际化还肩负着中华文化对外传播，以及提升中国文化产业的国家软实力的重要责任。从传播效果上来看，在国际市场上能形成先行舆论引导的往往是学者和精英群体的关注，而图书馆机构市场跟这个群体的关系密切，是他们获取信息的重要来源。做好这个市场对于国家的对外文化传播战略具有重要意义。这次伦敦书展上，中国图书进出口（集团）总公司作为中国最大的出版物进出口企业跟英国出版科技集团建立了战略合作伙伴关系，通过双方图书馆数字内容平台的对接，实现了对全球40000家图书馆的覆盖，形成最大的图书馆数字内容供应渠道，中国的出版商要善用这些渠道，进入国际机构市场。

乔治·卢塞斯说："一个成熟的产业需要成熟的服务业，利益链条上的角色定位需要明晰。我们定位于为出版业提供技术和服务，并不自己操作内容，所有的内容都是出版业自主运营的，我们作为技术和服务提供商，全力专注于提供好平台服务和渠道服务，并通过不断的技术革新，让平台能够随时与图书馆市场最新的采购模式、用户使用需求、机构管理需求保持一致，将这些最新的模块不断添加在平台上，保持这个平台渠道的优势。"

大众出版的数字出版起步较晚，也曾经经历过对屏幕阅读的质疑，而目前以亚马逊 Kindle 和平板电脑为代表的电子书阅读方式，已经深入人心。美国国际数据集团数据显示，在 2011 年三季度，平板电脑的销售同比增长了 265%，达到了 1810 万台，其中，iPad 占 1110 万台，占据 61.5% 市场份额，亚马逊宣布，Kindle Fire（Kindle 烈火型阅读器）的销售已经连续三周保持每周百万台以上，在年终达到销售 500 万台。同时，在 Kindle Fire 的推动下，安卓系统的平板市场份额在年底达到 40%。电子书阅读器在三季度出货量持续增长，达到 650 万台，比二季度（510 万台）增长了 27%，比 2010 年同比增长 165.9%。据摩根大通公司预测，在 2012 年，全世界平板电脑的出货量将进一步攀升 55.2%，达到 9930 万台，并将在 2013 年达到 1.326 亿台。

新的介质带来的是一个巨大的内容消费渠道，与传统出版的纸介质不一样，数字出版产生了很多新的介质——互联网、听书、阅读器、平板电脑、手机等，这些新介质，说穿了就是"纸"，这些硬件的成本是什么，功能是什么？这些新介质，就跟我们纸的选择一样，什么样的内容适合什么介质，内容和介质所属平台的契合度非常重要。很多中国出版机构的国际数字出版尝试都体现在对苹果应用程序（Apple App）的开发上，困惑于如何能够获得大众市场的关注和成功。看热闹不如懂门道，大众市场的数字出版产品要获得成功，并不是靠东西做得多炫，功能多么强大，而是要靠内容，介质和市场需求的契合程度多大。因此，还是要回归到对市场的了解和掌握上。数字出版的软件也好，硬件也罢，都是要通过内容来满足和调动市场需求。中国出版业目前还缺乏在大众市场上的了解渠道，即使了解需求，还缺乏能够满足需求的内容，因此举步维艰。

新技术和新渠道的结合为中国出版业带来新市场，中国出版人会越来越习惯在国际的舞台上展现自己的优势。数字出版的发展让中国出版社无须支付物流成本便可以将出版内容迅捷地送达西方读者手中。但是竞争也是激烈的，中国出版社将在国际市场上和西方出版社一起竞争图书馆和各个市场的预算，特别是在经济环境不好的时候，这些预算本身就面临着不变或缩减。做数字出版，出版社如果选择自己搭建平台和建立渠道，可能至少需要 5 年的时间；如果选择与对接成熟渠道的技术提供商合作，通过技术的采用，学习和应用已经国际领先的出版集团的经验，那么一旦平台搭建完成，渠道也就到位了。

除了面对外国本土读者的内容，海外华人也是一个重要的市场。有统计说，海外华人相当于中国的两个省的人数。在传统的纸书环境下，海外华人缺少获取中文内容的途径，一本过期的报纸都被大家传看，互联网解决了信息的获取渠道，但是许多海外华人仍然希望能够通过中文出版物，对子女进行中国文化的教育，保持跟中华文化的密切关系。这个市场可以通过数字出版平台以及优质数字内容的供应，得到进一步的挖掘。

数字出版已经成为出版业发展的方向并迅速地改变着人们的阅读习惯和学习习惯。作为处于历史变革时期的出版人，我们应该发现和利用数字出版给我们带来的国际化机遇，借助技术变革带来的产业空隙，以及政府战略决策的有力支持，推动中国出版产业实现国际竞争地位的全面提升。

（文章原载《中国出版》，2012 年 5 月上）

参考文献

[1] Anderson, Chris. "The Long Tail", *Wired*, October 2004, pp. 170 – 177.

[2] Elberse, Anita and Felix Oberholzer-Gee, "Superstars and underdogs: An examination of the long tail phenomenon in video sales", Harvard Business School Working Paper,

No. 07 - 015, September, 2006.

[3] Gourville, John T. and Dilip Soman, "Overchoice and Assortment Type: When and Why Variety Backfires", *Marketing Science*, Vol. 24, No. 3, 2005, pp. 382 - 395.

[4] Rosen, Sherwin, "The Economics of Superstars", *The American Economic Review*, Vol. 71, No. 5, 1981, pp. 845 - 858.

论数字出版的稳定模式

不论是在西方还是在中国，数字出版从技术上的发端到市场的发展，都已经有了十余年的历程，但到2009年，中国数字出版市场才步入高速发展的轨道，成为出版产业的新生力量。

数字出版作为一个新生的概念，其内涵和外延在不同的业者看来，或许有很大的区别，而关于数字出版的未来模样，也是众说纷纭。数字出版，究竟是传统出版的一种衍生、一种补充，还是将取代传统出版的革命性力量；是技术发展产生的数字化运作方式，还是应当看作全新的商业模式和理念？这些问题未必有明确的是或否的答案，很多理想也还需要交给时间进行验证。

但就目前来说，数字出版已经取得的成就并不尽如人意。内容平台的模式虽然吸引眼球，但对于平台本身如果没有好的建设，正确的内容就难以在正确的时间和地点遇到正确的读者；原创文学网站倒是吸引了大批读者，但文字的普遍粗制滥造也让人怀疑数字出版的真意何在；硬件终端为主的销售虽然容易见到真金白银，但总让崇尚内容为王的出版人心生不平；手机阅读显示出强劲的蓬勃势头，但如何能将更优质的内容推广到市场也是一大难题。已经形成较为成熟而稳定的赢利模式的，似乎只有数字图书馆平台服务。无论是国外的一些学术类大型出版集团,还是国内的一些期刊网,都已经通过这样的模式掘金多年。从用户的角度来看,怎样让中国市场用户养成付费阅读的习惯,怎样让读者从纸质阅读逐渐转向数字阅读,更深的问题乃至于怎样由数字出版提高国民阅读率及阅读质量,都是一直困扰着行业的难题。

技术只是数字出版的一个基础,更核心的还是内容的价值如何通过数字技术得到体现,并形成持续赢利的商业模式。对于内容的利用和价值挖掘,目前做得还很不够,这方面也不容易照搬西方的一些模式,同时也可以说这是目前中国数字出版市场的短板。技术先行,但技术是为内容服务,内容这条腿也需要跟上,但现有的一些内容消费模式,可以说还很稚嫩。多数从业者所理解的或者所践行的数字出版,只是出版的数字化,这就等于只是让所销售的内容变换了一下包装,内容本身却没有什么变化。但数字出版需要让内容有不同的表现形式,内容的整合与二次策划也是数字出版的重要特点。

在现有的内容消费模式中,较为成功的是数字图书馆平台。它有着较为稳定的内容来源和用户需求,而内容在这一平台也得到了较好的呈现。数字图书馆的意义,在于打通了内容之间的界限,让相关领域的知识真正汇集成一片海洋,而读者接触到的,既是内容的碎片化,也是所有相关知识的大集合。尽管在互动性、内容推荐等方面这样的平台还有很大的上升空间,但相对于其他模式,它已经较好实现了技术平台与内容的良性结合并持续赢利。虽然这一平台远远不如频频见诸报端的盛大文学、百度文库等以个人用户为目标的内容平台热闹,也不如汉王、iPad 这些广告随处可见的"终端设备+内容平台"模式抓人眼球。但是正应了"闷声挣大钱"的老话,数字图书馆是目前数字内容市场赢利模式最稳定、投资回报最高的寂寞高手。

目前,通向海外主要图书馆的数字内容通道包括两种,一种是由处于垄断地位的几家出版集团通过大型数据库销售实现,例如励德·爱思唯尔、施普林格等，他们依靠多年经营积累的几千种期刊和大量数字化图书，形成强大的买方拉动力。其他出版商可以将自己的产品贡献给他们，包含在他们的数据库里面进行销售，但是会失去自己的品牌，壮大竞争对手，而且在收益分配上和内容推荐上都没有话语权。

另外一种通道，是中介模式的第三方平台，多数是从技术提供商发展而来的，一方面，图书馆机构用户可以通过一个端口，直接进入已经购买的多种数据库，一方面包括非营利组织、学术组织、中小规模的出版社等在内的无法自己形成大规模数据库产品的内容供应商，可以通过这种方式获得进入图书馆机构市场的渠道。他们通过向图书馆提供使用数字内容的进入端口技术、跨库检索技术等，实现对于图书馆机构的广泛覆盖。内容方不管规模大小，都可以面对图书馆市场进行自主经营。从市场覆盖规模上来看，由于大多数的图书馆经费受限，无法负担昂贵的大型数据库，所以这种方式是最为普及广泛的数字内容图书馆渠道。

（文章原载《出版参考》，2012年9月下）

2013年出版趋势初步预测

我们有太多的理由相信，2013年将被称为出版贸易的新时代。那时，相对于今天消费者还在向数字化转型的现状，数字出版已经成为核心理念，数字化对于出版来说是再自然不过的事情了。

2013年是伴随着2012年圣诞节电子书的疯狂下载热潮和纸质图书销售的下滑开始的。然而，和之前的许多预测不一样的地方是，数字出版物销售数字的上涨支撑着整个出版市场变得更大，而不是蚕食传统纸书市场的生存空间。与此同时，2013年将被看作是一个新时代的开始，大多数的出版商已经意识到他们需要加大对数字出版的投入以便和像亚马逊、谷歌和苹果这样的公司比肩站立。企鹅和兰登书屋合并的消息似乎震动了整个行业，预示着大牌出版集团在2013年和2014年的发展趋势。那么出版业将会在2013年呈现出怎样的状态呢？以下五点是笔者对出版行业未来发展态势的预测：

1. 出版企业合并成为行业发展的加速器

2012年10月底报纸的头条新闻都是有关企鹅和兰登书屋的合并，笔者认为，这次合并只是接下来还将会发生的一系列合并事件的开始，随着越来越多的出版企业进行重组，出版贸易的形态将会再次得到重塑。大型出版巨头除了与亚马逊、苹果和谷歌合作之外别无他选。亚马逊、苹果和谷歌做的事情对于出版行业来说很了不起，但是同时这些企业也在逐渐掌握主动权，因而出版企业要么能够另辟蹊径，要么选择和他们并肩战斗。两种选择都要求灵活应变的方式，因而小型出版商反而能更好地从中受益，增强市场实力；而这些恰好也是大型出版集团选择合并的理由和要实现的目标。因此，不久的将来，大型出版集团的数量将会下降。

这些新的全球性机构，和他们的主要竞争对手一样，都需要通过建立共享 IP 来寻求全球性的知识产权解决方案。这种新型的公司存在方式和那些孤立运作的出版社是全然不同的。当然，这类公司形式的增加将会促使出版商也变得更加灵活，所以我们将会看到更多小企业的出现。与此同时，大型出版商也会把追求有活力和蓬勃发展作为创新的目标。

2. 亚马逊依然不可超越

亚马逊的实力和规模已经足以改变整个出版行业的架构，也改变了消费者与内容之间的关系。内容的呈现和传递方式完全根据终端用户的需求而生产的时代已经来临，而当出版商和零售商还在互相超越对方以满足终端用户的需求时，亚马逊依然牢牢拥有电子书消费和自我出版领域的垄断权。亚马逊所代表的优先消费者的易用和熟悉性的设计理念将在 2013 年得到进一步发展，出版商将不得不努力赶上，才有可能赶上消费者行为向这个方向的转变。同时，如果有一天亚马逊所提倡的自我出版方式真的形成可行的商业模式，更多的消费者习惯性地把亚马逊当做唯一的内容来源，那么这个事实将意味着传统的出版商被出局。

3. 基于网络的 App 应用

在 2013 年还会出现的一个趋势是 App 应用程序的发展。随着时间的推移，技术的竞争将导致"封闭"类型的技术产品市场份额减少，改变这类产品一统江山的局面。随之而来的边缘效应将是由基于终端应用的 App 应用程序转向基于网络应用的 App 应用程序，网络 App 不但可以作为内容和工具的缓存，还具有交互平台功能。这一转变给出版商投资终端用户满意度方面的发展带来更多机会，也将使内容得以更加灵活地适用于多个平台。

4. 社交媒体落幕

尽管社交媒体已经占领了流行文化的高地，也尽管 Twitter 和 Facebook 的存在曾经给出版商提供了无与伦比的市场推广和公共关系平台，但是社交媒体最终没有变成销售平台，电子商务移植到这些平台上仍然遥遥无期。2013 年，出版商是否会把社交媒体交给大众群体，到别处寻找资源呢？出版商会更加集中精力投资网络内容，开发多形式的终端阅读器，以及发展新的销售方式（如试用章节或样本图书下载和多种付款方式等）。因而 2013 年肯定是多方面拓展销售渠道、分享内容以及发展新的商业模式的过渡时期。

5. 开拓新市场

出版已经成为全球化的行业。兼并、收购、合资、共享媒体平台和技术的进步让世界变得越来越小。出版商因而更要抓住机会在全球发展最快的市场站稳脚步。2013 年美国将在保持现有读者率以及对新出版模式开放度方面拥有至高的地位。中国也将保持其利润丰厚的市场地位，政府继续给出版行业注入大幅度的投资，不过投资对象目前还只能仅限于本土出版企业。拉美国家成功避免了经济衰退，呈现出蓬勃的市场现象。

在这个变化的时候，出版商不应当充满恐惧，而是应该做好应变的准备。或许出版商不应该花费过多的时间去预测未来，而是要集中精力保证自己的企业稳定和有序发展，稳定坚强的企业系统无论在何时都是应对不可预测的变化的强有力保障。有了这样的保障,再加上有先见之明的投资和开放的心态,勇于尝试新的商业模式,出版商在 2013 年及更远的未来肯定会蓬勃发展。

(文章原载《出版参考》,2013 年 2 月上下合刊)

数字时代的多维版权体制建立浅析

随着数字出版的蓬勃发展，多维版权制度的形成势在必行。多维版权制度在引入数字出版带来的新元素概念的同时，打破传统版权制度体系中已经形成固定化的一些概念，重新以多维度的界定，满足产业当下和未来发展的需求。

中国新闻出版研究院对数字出版的定义是：只要使用二进制技术手段对出版物的整个环节进行操作，都属于数字出版的范畴，其中包括原创作品的数字化、编辑加工的数字化、印刷复制的数字化、发行销售数字化和阅读消费数字化等。

数字出版具有便捷性、多样性、绿色环保、成本低廉、快速查询、海量存储、方便编辑制作等优势。早在2011年4月，亚马逊的电子书销量就超过了印刷书销量，电子书与印刷书的销量比为105∶100，其中还不包括电子书销量中的免费销量部分。目前，在专业出版领域，励德·爱思唯尔科技出版中数字出版所占比率超过收入的86%，四大专业出版集团的收入中数字出版收入均超过一半。在大众出版和教育出版领域，出版商也开始从最初的抗拒、怀疑转向重视支持，他们一方面通过亚马逊的电子书销售获得了可观的利润；另一方面积极探索新的数字内容产品和新的数字业务模式。

我国的数字出版产业也是近五年新闻出版产业的发展亮点，传统新闻出版机构改变以往传统出版单一纸质载体（磁带等）产品模式，相继形成多媒体出版、网络出版、移动出版、全媒体出版等多样化的电子出版模式。截至 2008 年底，全国 579 家图书出版社中，已有 90% 开展了电子图书出版业务，出版电子图书 50 多万种，发行总量超过 3000 万册，收入达到 3 亿元。据中国新闻出版研究院发布的《2010 年中国数字出版年会年度报告》指出，2009 年我国数字出版产业的收入达到 799.4 亿元，比 2008 年增长 50.6%，继续保持高增长速度。最新数据显示，2011 年我国数字出版全年收入规模达 1377.88 亿元，比 2010 年增长了 31%。

数字出版发展的制约瓶颈

据调查数据显示，截至 2011 年 6 月底，中国网民规模达到 4.95 亿，宽带网民数为 4.89 亿。《中国网络出版发展状况及政策》报告称，全国现有的 80 多万个网站中，涉及出版的占 25%，这些网站的编辑量超过总编辑量的 40% 左右，从业人数超过 4 万人，销售收入超过 130 亿元，直接带动相关产业增加产值 1500 亿元左右。尽管中国数字出版产业的市场规模巨大，发展势头强劲，但由于总体盈利模式尚未形成，目前处境尴尬。除了数百家传统出版单位外，国内大批的文化公司和各种版权代理商、平台运营商等数千家机构纷纷抢滩数字出版，并形成我国网络中传统出版社主导、网络公司主导、门户网站主导的三种网络出版主体。然而，除了在学术期刊、网络游戏、少数原创文学网站等有较好表现外，国内绝大多数数字出版企业和项目，盈利模式不清，投入大于产出，数字出版仍"只叫好不叫座"。

目前的产业瓶颈集中在以下三个方面：

技术环节。数字出版技术体现在将出版产业工作流程、发行渠道覆盖、内容展示和保护、商务流程结算等环节进行紧密结合的方案中，对技术的融合性要求很高。与之相关的技术包括"按需印刷、按需出版、跨媒体出版和数字信息库出版"，实际工作中主要包括网络技术、Web技术、电子文档处理技术、多媒体技术以及数据库技术。在众多的技术环节中，诸如消费支付系统、阅读器品质、电子书格式等技术因素，曾经出现阶段性困难，但也随着信息科技的进步以及电子银行网络化的发展很快得到解决。但是由于数字出版技术需要技术人员对产业的盈利模式和运营方式有深入的了解，才能够通过技术方式实现需求，所以数字出版行业需要吸引一批愿意投身出版产业的技术人员进入这个行业。而目前中国出版产业的收入水平和发展环境还没有办法引入大批技术人员，因而主要的技术实现还是依靠数字出版技术提供商。一方面，由于涉及技术授权，出版商无法对技术平台进行深入了解和定制化开发；另一方面，技术提供无法深入到出版产业的日常工作中，在产业实现全面数字化的进程中，技术力量不足的缺陷将凸显，很多出版机构的项目都迟迟不能实现。所以，虽然技术问题是网络出版发展环节中最简单、最容易得到解决的问题，但也是最突出的制约瓶颈。

内容环节。出版活动归根到底是要以优质精彩的内容吸引读者，使消费者感到"物有所值"，从而愿意付费购买。数字出版也应该是"内容为王"的时代，所以必须充分调动并保护作者和传统出版机构及内容提供商的积极参与性，这才是数字出版能否发展的核心所在，数字版权和版权保护问题也随之凸显。

首先，必须增强作者和出版社对数字出版的信心，调整目前数字出版产业链条中"渠道为王"的失衡状态，切实在利益链条中兼顾平衡作者和内容提供商的利益。大多数传统作家认为传统出版社赶潮流搞数字出版，却少见成效，所以不愿意跟出版社签数字出版协议。作家并非抵触数字出版，只是数字版权的不完善让他们一直心存芥蒂。即使知名网络写手，也对数字版权的混乱状况表示担忧。数字版权交易不规范导致纠纷经常发生，社会上大批各种类型数字公司追着作家签数字版权，一旦将数字版权签出后，约定的作家分账收入少得可以忽略不计。

同样，传统出版社在数字出版产业链条中弱势地位和出于对数字版权授权后难以控制、侵权盗版风险危害的担忧，也使得他们对数字内容的授权小心谨慎。他们认为，当前数字出版行业的产业链，渠道主宰利益。出版社之所以搞数字出版或授权手机阅读基地、门户网站主要是帮助旗下作家传播作品以及正版维权，收益则是最后一个需要考虑的，他们从事数字出版的经济动力还不足。数据也证明了这点，中国移动在2011年手机阅读的收益是15亿元，作为"渠道"，他们拿走了绝大部分。作家出版社上线的一部作品，点击量高达9000万次，但最终拿到的收益也只有几十万元。网络出版能否取得长足进步取决于内容环节，即如何涌现出更多、更好的数字内容，如何使得虚拟网络中的数字版权得到切切实实的保护。

心理环节。读者阅读习惯和消费心理往往被忽略或被无限夸大。一方面，网络出版的诚信问题也日益成为影响网络出版顺利发展的难题，出于网上支付和用户登录过程中个人信息泄露的担忧，一些具有消费能力的潜在用户对网络出版敬而远之，这使得网络出版的客户目前主要集中在消费能力较弱的青年读者群；另一方面，由于全民版权意识淡薄，加之互联网自由免费的观念深入人心，一些网络公司或个人为了吸引用户注册或引入流量，总以提供侵权盗版的电子图书或链接为噱头，用户总可以通过各种渠道免费下载所需要的电子图书，相当程度分流了一批意愿付费购买的读者群。解决网络出版的用户消费心理环节并非一蹴而就，但也不是坐等全社会和国民版权意识的逐步提高。实际上，网络出版的心理环节、技术环节和内容环节是环环相扣的。网络出版的技术和内容得到加强和改善，用户消费心理难题就可以迎刃而解，而用户付费购买电子图书则可以促进资本和内容更多投入到网络出版的技术升级和网络出版的内容更新中去，从而形成网络出版的良性循环。

建立多维出版主体，突破产业制约瓶颈

随着数字出版的蓬勃发展，多维版权制度的形成势在必行。多维版权制度在引入数字出版带来的新元素概念的同时，打破传统版权制度体系中已经形成固定化的一些概念，重新以多维度的界定，满足产业当下和未来发展的需求。

从出版主体来看，多维版权制度需要扩大出版主体的界定，通过严格互联网出版资质审核，推行网络书号制度等手段，让新的出版主体与传统出版主体能够在竞争有序的环境下，共同推进产业发展。

网络出版的优势是大大简化了出版流程，增强了作者与读者间的互动，更重要的是，大大降低了出版门槛，任何在网上发布信息的人、单位或组织等，都可能成为潜在的网络出版者。网络出版使出版者阵容扩大，并带来了出版理念的变革，对我国现有出版管理体制和版权监管体系形成了冲突和挑战。我国对传统的图书、光盘电子出版管理实行审批制，要求出版之前必须送有关部门审批，只有获得了图书书号、电子书号的作品才能成为正式出版物。然而网络出版的蓬勃发展，使现有审批制也难以为继，亟须改革，尤其要建立与网络出版相适应的出版管理体制，以促进出版事业健康有序的发展。

网络时代容易给人造成人人皆可在网络自由出版的错觉，因此对网络出版主体合法性认定异常重要，只有对网络出版主体的认定和管理，

才能从源头上对网络出版内容实施监管。目前网络出版呈现出版主体大众化的趋势，除了传统具备合法出版权的机构以外，大量的文化商业公司、网络企业，甚至个人都能从事网络出版。这里有必要厘清网络出版与网络信息发布的区别。因为现在互联网上经常出现一些网络内容服务商或者个人，以网站或博客的形式发布信息，进行网络信息服务和传播。有学者将在网上发布归于网络出版范畴。网络出版必须体现出主体合法化、产品数字化、流通网络化、交易网络化的显著特点。网络出版与网络发布既有联系又有区别，两者不能混为一谈。

目前国家对网络出版实施互联网出版许可证制度，由新闻出版总署和信息产业部联合出台《互联网出版管理暂行规定》，明确指出互联网出版，是指互联网信息服务提供者将自己创作或他人创作的作品经过选择和编辑加工，登载在互联网上或者通过互联网发送到用户端，供公众浏览、阅读、使用或者下载的在线传播行为。《规定》也明确指出，经新闻出版行政部门和电信管理机构批准，从事互联网出版业务的互联网信息服务提供者方可称为互联网出版机构，并规定了网络出版进入的门槛条件，即从事互联网出版业务，除符合《互联网信息服务管理办法》规定的条件以外，还应当具备：（一）有确定的出版范围；（二）有符合法律、法规规定的章程；（三）有必要的编辑出版机构和专业人员；（四）有适应出版业务需要的资金、设备和场所。

不可否认，《互联网出版管理暂行规定》颁布实施对规范引导网络出版起到了积极促进作用，但国家总体上对互联网出版机构的批准较为谨慎，而且侧重颁发给传统出版机构网络出版资质，而这些出版机构恰恰在实践中对网络出版处于观望态势。更重要的是，依照我国目前出版流程和管理体制，凡是网络出版物获得出版物的合法身份，必须通过图书书号或电子书号的方式以实物载体予以呈现，这使得一些网络原创文学和专向网络出版的作品处境尴尬。便捷性、虚拟性、互动性是网络出版的特征和优势，如果我们的网络出版物必须先以图书或电子书等实物形式获取出生证后，才可以享受正式出版物的待遇的话，我们的网络出版只能是一种低层次、低效能的出版内容数字化过程。所以对于国内网络出版的发展要控放自如，疏通引导，突破传统出版管理体制和体系，为网络出版设立特区，大胆尝试。

在版权制度中，明确地对出版主体目前存在的多维性进行界定，是进行法律相关责任权利界定的基础，也是执行版权保护的基础。参照我国现有出版管理流程和制度，完全可以尝试推行网络书号制度（或网络出版备案制度），给网络原创文学和专为网络出版的作品正名。传统出版社具有严格的出版管理机制和流程管理，可以率先授权给具有互联网出版资质的传统出版机构以网络书号，进行网络出版，并享有正式出版物的身份和待遇，然后逐步扩大到其他网络出版主体。此举不仅可以调动网络出版主体的积极性，也必将带动起广大作者的参与热情，从而丰富网络出版物的内容和种类。推行网络书号可真正实现数字出版产业线上线下的全版权开发和运营。

厘清多维产业链，界定符合产业实践的新成员和新概念

数字出版的发展为产业链引入了新成员和新概念，他们在为产业带来了发展所必需的技术、内容和扩大的受众的同时，也逐渐成为产业链的一部分。同时，一些传统出版产业链上的环节正逐渐消失或弱化，或者在功能上发生了改变。

数字出版的发展改变了原来以商品所有权转移，即印刷出版物交易为基础的内容消费模式，形成了以在不同渠道进行阅读权授权转移为主

的新的内容消费模式，版权细分的需求凸显。同时，在权利转移的过程中，也不再是原来较单纯地从作者到出版社，读者只是作为购买者购买印刷品的实物，拥有对实物的使用权，基本不涉及授权。数字出版将读者也作为了授权的对象，要求他们有更高的法律自觉性，不会超越他们所被授予的阅读权利。

同时，由于产业链条上加入了数据加工商、内容平台商、网络渠道商等新成员，他们在执行各自角色的过程中都需要获得某种或多种授权，也同时需要承担该授权所赋予的责任与义务。版权保护和版权制度所覆盖的广度和深度都需要进行多维度的重新界定。对于网络出版主体的厘清和推行严格的市场准入审批制度，可以使网络出版成为有源之水，从源头上保障数字内容的多样性和丰富性，而数字内容的使用及其保护则要通过大力推动数字版权保护体系的深化和细化得以实现。

数字版权产业是基于 IT 科技和网络技术发展而来的，数字技术使出版物的复制和传播简单化、成本低廉化，对现有版权制度也带来前所未有的挑战。而且随着世界步入知识经济时代，版权扩张成为一种潮流和明显特征，一方面是数字出版对已有版权保护体系的挑战和冲击；一方面是数字版权保护日益迫切的扩张保护诉求。调节好两者矛盾，既要利用数字化技术和互联网推动传统文化产品的内容传播，同时又要保护内容提供者的利益，鼓励他们使用网络扩展业务的积极性。问题的关键在于要侧重通过加强技术性措施来平衡版权所有者，即媒体和用户之间的利益，不仅要维护版权，同时也要有效保护用户更加便捷地使用数字内容。

推广技术性管理保护措施，加强数字版权管理系统标准和格式的统一，符合网络出版海量化、虚拟化的特质。数字版权保护技术的应用不应该只局限在文件加密，而是应该通过与多种商业模式和市场销售平台的配合，为网络出版中创作—发行—消费的各个环节都带来实际的利益。数字版权管理系统不仅可以实现对版权的保护和管理，而且通过对版权使用的多种方式和多个平台跟踪统计，能有效防止数字内容的非法传播和侵权盗版，并能及时获知市场反馈和需求并精确统计网络出版物的销售数量，保障内容提供商的经济利益，平衡网络出版价值链条中各方的经济利益，从而夯实网络出版的商业模式基础。

建立多维度数字版权公共服务支持体系

要具体执行数字出版环境下的多维版权制度，需要完善多维度数字版权公共服务支持体系。目前正在探索中的版权价值评估体系、版权纠纷调解机构、数字版权代理机构、数字内容信息库、著作权集体管理组织，以及网络版号授权体系等，都是逐渐构建多维度数字版权公共服务支持体系的重要组成部分，可以推动解决网络内容海量授权的问题。网络出版的核心模式就是海量的数字内容吸引海量的浏览，从而实现最终付费阅读和购买。数字内容都面临着一系列作品的确权、授权、权利转移问题，其核心就是如何保障海量授权的合法性获得。目前，我国还没有建立完善的版权授权体系，尽管国家鼓励成立数家国家级版权贸易基地和多种形式的版权中介服务机构，但远远还不能满足网络出版海量获取数字版权的需求。网络侵权盗版纠纷产生很大一部分原因是由于数字版权授权不清所导致的无意侵害。构筑权威完善的数字版权授权体系的重要性也日益突出，这可以通过强化著作权集体管理组织、中介机构和大力发展版权代理机构推动版权贸易等多种形式来构筑版权授权体系，从而形成各类版权协会、版权集体管理组织、作品登记机构、认证机关、版权中介、维权纠纷调解组织等构建的数字版权公共服务体系，从而形成海量数字版权的确权、许可和使用的良性环境。

另一方面，由于目前中国数字出版产业规模仍然处于起始阶段，各服务环节能够获得的经济利益有限，形成了服务类型单一、经济意识薄弱、产业知识匮乏的被动局面，无法有效支持产业的发展，大多数机构无法支持自身的运转经费，还主要依靠国家支持。比如：版权中介的收入主要依靠版权交易达成后的中介提成，通常为15%，但是在数字版权价值较低的情况下，做侵权索赔的收入会远远大于做内容授权的中介收入，这就形成了先侵权再索赔的恶性循环。明确各种版权服务体系在产业链的重要支撑作用，推动形成完善的多维公共服务体系，是数字出版产业长足发展的重要保障。

综上所述，多维版权体制能够从出版主体、产业链权利及义务责任关系、服务支撑体系等多个角度支持数字出版产业的发展，保障产业目前和未来的正确方向。

（文章原载《出版广角》，2013年3月上）

参考文献

[1] 郝振省：《2008中国数字版权保护研究报告》，北京：中国书籍出版社2008年版。

[2] 胡德池：《网络出版的特点与数字版权保护》，载《求索》，2003年第2期。

[3] 姜利民：《网络出版概念及出版现状浅析》，新闻论坛 http://xwlt.northnews.cn/NewsTribune/ShowArticle.asp?ArticleID=878。

[4] 明海、杨小龙：《我国网络出版研究现状综述》，载《情报杂志》，2002年第10期。

［5］黄健:《新媒体浪潮》,南宁:广西教育出版社 2011 年版,第 235—241 页。

［6］盛大文学身份劫:《网络小说受困书号灰色地带》,载《经济观察报》,2010 年 10 月 16 日。

自出版在传统与数字出版业态中的发展状况及对策分析

我国应尽快构建一个具有行业权威背景的自出版平台，可以承担规范学术内容网络发表流程，加强同业评议体系，实施网络文号管理等功能，实现为政府主管部门反馈行业市场信息、提供政策决策辅助等职能，成为具有行业高度和权威性的网络作品内容发布、审核、管理平台。

一、自出版——传统出版行业的噩梦？

数字化浪潮曾一度使传统出版行业深陷危机，尽管传统出版行业通过科技进步，告别"铅与火"，跨越"光与电"，迈入了数字全媒体出版的时代，但数字网络技术的快速发展正不断蚕食传统出版商的阵地，削弱出版商在出版环节中的关键作用和重要影响。尤其数字出版技术、按需印刷、电子书制作、超级电子书运营平台等蓬勃兴起，自助出版开始大行其道，挑战传统出版产业形态和规则。如今越来越多的知名作家或普通作者开始抛弃出版商，而主动选择自助出版模式直接面对读者，而在不久之前，自助出版还是他们由于被传统出版社拒绝而产生的被动选择和无奈之举。

业界专家认为，自助出版或"自出版"（Self-publishing）是指图书或者其他形式的出版物在没有出版商按其常规出版流程进行策划、出版、发行的情况下，由作者主导推动进行出版的特殊出版业态。在数字出版环境下，自出版也可以解释为作者在没有第三方出版商介入的情况下，利用电子图书平台自主出版书籍或多媒体产品。在图书"自出版"模式中，作者控制整个图书出版过程，包括图书装帧设计、体例、价格、发行、市场营销和公关等工作，上述工作由作者单独完成或部分外包给专业公司。自助出版业态并不是在数字出版时代才产生的，早在20世纪早期，美国作者图书自出版的现象已非常普遍。历史上包括马克·吐温在内的著名作家，都曾经有过自出版的经历。而且正是通过作者自出版的自救，许多曾被传统出版商拒绝的经典巨作才得以存世。尤其在学术出版领域，一些学术价值很高，受众较少，无法满足传统出版最低起印册数的学术专著才得以通过自出版问世。

虽然自出版由于缺少了专业出版商质量环节的控制，不可避免产生出许多自恋式文字垃圾而很快被人们遗忘到角落。但自出版现象正呈现大势所趋的产业潮流却是不争的事实。2008 年，美国图书出版业历史上首次自出版图书种数超过了传统出版社出版发行的图书。资料显示，截至 2010 年，全美出版的非传统图书约为 280 万种，其中大多数为自出版，但同期的传统出版图书仅为 31.6 万种。

业内专家惊呼，自出版正在成为出版社的噩梦。如今全球几大知名国际书展上，自出版成为最炙手可热的话题。以前我国自出版现象主要是科研人员利用科研项目和科研机构资助，通过出版社自费出版纸本学术专著为主。如今随着盛大文学等网络原创文学平台的出现，一些作者和用户将这些网站扩展到了网络原创文学和网络文献分享服务。2003 年 10 月，盛大的起点中文网首创"在线收费阅读"服务，成为真正意义上的网络文学盈利模式先锋之一，就此奠定了原创文学的行业基础。而且盛大文学开始推出形成完善的创作、培养、销售、全版权开发等一体的电子在线出版机制，并顺势向文化产业全面延伸，从而吸收和凝聚了大批作者和作品。盛大文学号称有超过100万名作家的300多万篇作品在线。

数字出版技术的蓬勃发展显著改变了传统出版产业编、印、发环节的生产形态，助力自出版呈星火燎原之势。自出版在一些作者心目中被视为逃离第三方出版商，掌控写作自由和自身利益的最好方式，但这也将传统出版机构置于即将丧失出版资源和发行渠道垄断地位的尴尬境地。

二、自出版——出版行业规则的终结者？

自出版在数字出版技术的支持下具有传统出版不能比拟的优势，诸如出版时间快、有利互动、便于控制、增加收入和保障权益等优势。自出版需要作者主动参与出版全流程，节约出版成本，并可以促使作者更贴近市场，了解读者需求，从而推动作者的创作实践繁荣文化市场。除此以外，笔者认为自出版得以迅速发展还有以下两个重要原因：首先，自出版内容种类丰富，小众图书市场需求得到充分的重视和开发。由于不需要满足最低起印数的限制，那些受众面小、但内容价值高的冷僻学科学术著作和小众市场图书就可以通过自出版进入市场，使得作品不会由于出版社经营书目种类的限制，失去被出版的机会；同时出版社也降低了库存风险。其次，自出版流程相对透明，方便与作者建立经济信任关系。自出版平台大多以透明流程吸引作者的信任。传统出版企业主要通过人际沟通，以编辑和作者之间的专业互动建立信任关系，而自出版平台通过公开化、自动化、透明化流程管理，让作者看到所有订单的处理数据，建立经济信任关系。

自出版模式是技术进步的产物，而图书出版技术的进步是自出版模式成功的前提。按照自出版服务方式可以将自出版商业模式划分如下几类：

1. 印刷服务驱动的纸书出版服务。这种"自出版"服务是从历史沿革下来的，主要是满足无法获得在出版社图书出版选择中获得机会的作者需求。比如，西蒙舒斯特下属的 Archway 自出版服务，向作家收费的标准是：大众类图书（小说及非小说类）1999—14999 美金，儿童类图书 1599—8499 美金。服务包括图书出版过程全程指导、市场运作、获得付费演讲的机会以及为图书制作视频等。很多从事自出版服务的公司都有传统印刷业务，由于自出版图书的印数低，利润很有限。目前按需印刷业务的增长进一步刺激了自出版业务的发展。

2. 技术商驱动的多媒体数据转换及传输服务。基于出版社在数字出版转型过程中的技术匮乏，很多数字出版技术服务商以软件服务平台的方式，向包括作者、出版社、代理人在内的版权所有人，提供将内容转化为多种数据格式，使之可以通过多种渠道和阅读终端进行销售的技术服务。而且随着技术的发展，这种产品化的工具更加便捷，数字内容产品更加丰富，从模板式的电子书，发展为多媒体交互内容。这些技术服务平台，也成为生产和传输一体化的渠道平台，吸引了众多作者直接跟他们合作。例如：英国出版科技集团（Publishing Technology Plc）全力经营 20 多年的 Ingentaconnect 全球数字图书馆采购平台，该平台就汇聚了来自 260 多家海外机构的 16000 多种学术期刊和图书、总计 580 多万篇论文和报告，内容管理细化到章节的水平，它是世界最大的数字图书馆采购平台，年交易金额超过 1 亿英镑。

3. 销售渠道驱动的纸书和电子书服务。这是目前海外自出版的主要服务模式。以亚马逊的 Kindle Direct Publishing（KDP）和 Create Space 服务为代表，诞生了不少自出版成功的神话和成功者。其中最具代表性的阿曼达·霍金（Amanda Hocking），一名年轻女作家，自 2010 年 4 月开始在亚马逊 Kindle 上出版自己的小说，截至 2011 年 3 月，她的书籍销量过百万，收入超 200 万美元。2011 年，苹果专门开始经营 iBookstore 平台，希望控制电子书出版的专业人士和非专业人士。2012 年，苹果推出了 iBooks2，提供多媒体教科书格式，向作者提供免费编辑工具，号称将"重新发明教科书"。苹果公司同时进一步加大其自助出版平台 iBookstore 推广力度，所有 iBook 教科书定价低于 14.99 美金。而且 Apple 坚持使用自己的格式，试图将消费者锁定在自己的渠道。

4. 代理人驱动的版权服务。目前一些具有重要影响力的网络自出版平台也开始注重与传统出版商的合作而向其提供作品内容。如：霍顿米夫林跟亚马逊出版签约，愿意成为亚马逊自出版平台作者的印刷本出版商。尽管该协议受到了其他发行商——独立书店等的联合抵制，并拒绝发行这个为亚马逊出版图书的新品牌——New Harvest 的任何图书。我国的盛大文学平台也属于这种模式。起点中文网已经形成完善的创作、培养、销售为一体的电子在线出版机制，通过与国内优秀的网络游戏公司、影视公司和出版社全面展开版权运营，形成了一套完整的产业链条。

尽管自出版作为业界发展趋势引起全球出版业界的深切关注，但目前自出版在我国仍存在不小风险，尚不成熟。上海文艺出版社总编辑郏宗培认为，自出版模式中版权维护与市场评估是难题。自出版的作家出现侵权现象时，只能依靠个人力量去维权，非常困难。而作者依赖电子书平台预估其作品受欢迎程度也难以做出准确评估。著名作家阿乙则担心，盲目自出版只会制造文字垃圾，这种抛弃出版社的出版方式会消灭文学的光环，使它彻底变成消费品。业内人士进而指出，自出版只是传统出版的补益。因为出版是选择，选择靠编辑。这是绝大多数出版物生产的规律。

当下，国内自出版模式存在亟须解决的瓶颈问题主要包括：

1. 内容质量问题。我国严格的图书出版管理体制最大程度保证了图书内容质量和良好的社会影响,而自出版平台上的大量作品缺少传统出版流程三审三校的严格把关和严谨细致的质量控制,从而导致自出版平台上原创文学作品良莠不齐,经常出现色情、暴力内容。尽管网络原创平台幕后也有大量编辑进行实时过滤,但面对海量内容根本无法避免危害社会的内容出现。

2. 写作水平问题。虽然像 Kindle 这样的平台能够让作者很容易把一本书推向了市场,但中间却缺少专业出版社的专家把控,自出版把这些专家都省略了,而本来他们可以使作品逻辑梳理得更清楚,让阅读更顺畅。

3. 自出版营销薄弱的问题。虽然类似亚马逊超级电子书平台、苹果 ibookstore 等自助出版平台给予所有作者书籍销售的平台和渠道,但是任何想要脱颖而出的图书都面临营销压力,需要整套成熟完备的市场营销方案和推广活动,作者往往对此并不擅长,而具有成熟营销渠道和专业队伍的大型出版商无疑比普通作者更具优势和实力。

4. 竞争垄断问题。必须看到超级电子书平台亚马逊的扩张是一把双刃剑,它在帮助作者摆脱第三方出版商束缚的同时,也正在毁掉其他所有可能的竞争,致力于将更多的作者和顾客固定在他们的制作和消费系统内。

三、自出版——未来出版希望之路?

中国出版业在数字化浪潮中迎头而上取得了长足进步,针对自出版不可阻挡的产业潮流,我国政府主管部门和出版行业更应未雨绸缪,在政策上和经营上做好应对。

首先,尽快建立自出版内容的出版流程标准。目前自出版由于缺少相应的出版流程标准,出版数量和质量难以为控。而且我国的自出版企业大多脱胎于科技企业，本身对于传统出版的行业执业流程和标准就不熟悉。国家应尽快组织力量进行自出版流程的调研和讨论，确定执业流程标准，并将其纳入到对现有和未来出现的自出版平台管理之中。

其次，平衡自出版内容品种，加强学术和专业内容的自出版平台建设，促进形成产业效益。目前国内形成规模的自出版主要集中在网络原创文学领域，而大量的学术和专业内容出版并没有纳入到自出版体系中，这就造成了自出版品种单一的不平衡局面，无法形成有效的内容经营模式。目前我国学术专著的出版并没有随着国际数字出版得到迅速发展，反而逐年萎缩。而学术内容自出版平台和专业内容自出版平台的建设可以起到平衡、丰富自出版内容品种的重要作用。

最后，尽快构建一个具有权威背景的自出版发布平台，有效控制国际自出版渠道在中国的市场覆盖。随着亚马逊进入中国销售 Kindle 电子书，苹果 iPad 在中国的大量销售，我国自出版平台和渠道生存环境异常险恶。政府主管部门应该从政策、资金、技术上进行有效控制，为自出版产业的独立发展赢得时间，不能将自出版平台和渠道拱手相让于国际垄断数字内容平台。

我国应尽快构建一个具有行业权威背景的自出版平台，可以承担规范学术内容网络发表流程，加强同业评议体系，实施网络文号管理等功能，实现为政府主管部门反馈行业市场信息、提供政策决策辅助等职能，成为具有行业高度和权威性的网络作品内容发布、审核、管理平台。

该平台的建设还可以从行业角度带动解决以下几个问题：

1. 为形成自出版流程标准和服务方式提供信息准备。确立可执行的内容审校流程、内容质量标准等内容。

2. 平衡出版种类，建立内容丰富、出版种类齐全的权威性自出版平台。

3. 建立出版业与作者的直接良性互动。目前随着数字出版科技的普及运用，很多作者对传统出版机构的关键角色和作用抱以质疑，一方面放大出版社工作中的问题，一方面又强调自出版的独立性。事实上，通过自出版获利的作者仍是少数人，而其中大多是经过传统出版业培育支持赖以成名的作者。因此通过建立自出版平台，不仅可以发挥传统出版社在专业服务方面的各项优势，而且还可以解决因为受制于出版成本等因素考虑的优秀书稿的取舍问题。通过自出版平台，传统出版社能凝聚吸引更多的作者和作品资源，还可以检验出优秀作品，进行全媒体的出版和开发。

4. 更好地从内容源头和管理流程上，实现数字出版与传统出版业的产业融合。我们目前的数字内容主要产生于现有纸书的数字化内容。从未来发展的角度来看，我们需要能够从数字平台直接产生内容，其中可以包含很多传统纸书中没有的增值内容，如书摘、作者读者互动书评、专家观点交叉引用等。这些增值内容更好地适应当今读者阅读习惯的改变和深层次阅读沟通的心理诉求，也更好地满足多种渠道发行的需求。我们通过建设可以直接生产数字出版内容的自出版平台，可以将数字内容的生产真正融合到传统出版产业之中。

总之，目前快速扩张的自出版，是国内出版行业一个不容回避的事实，而且正在改变传统出版行业的垄断形态。因此我们对目前这种处于非结构化、非组织化的出版业态进行有益探索，为自出版内容生产流程标准制定、内容服务模式形成、商业模式建立以及建设新型作者信任关系等进行理论和实践上的尝试，将会极大地推动国内自出版产业发展乃至整个出版行业面向数字时代的产业结构调整和升级换代。

（文章原载《出版广角》，2013 年 11 月上）

参考文献

[1] 周慧虹：《"自出版"时代需顺势而为》，载《中国文化报》，2013年2月4日。

[2] 刘蒙之：《美国图书"自出版"模式的历史、现状与评价》，载《燕山大学学报（哲学社会科学版）》，2012年12月，第4期。

[3] 刘蒙之：《美国图书出版业"自出版"现象初探》，载《编辑之友》，2012年第7期。

[4] http：//www.digitalpublishing.cn/products/Ingentaconnect.aspx.

[5] 车兰兰：《自出版在中国时机尚未成熟》，载《北京商报》，2012年9月7日。

[6] 苗炜：《Kindle与自出版》，载《新民周刊》，2012年第45期。

大数据时代的微版权战略

大数据时代技术变化带来出版产业进行版权价值挖掘的新平台和新手段。网络技术的发展和大数据技术的普遍应用将让我们的出版产业开始面对传统版权的概念变革。在这场变革中，控制不是唯一的目的，握紧拳头，你将一无所有。盈利才是终极目标，张开双手，我们将获得更多。

微版权并不是微博版权，这个概念应该有更广泛的意义，而且对这个意义的界定和拓展，将成为在数字内容环境下，重要的内容价值挖掘基础。所谓"微版权"，就是微小的版权，英文可以用"micro copyright"来表达，而它的外延一般从三个方向去解读。首先，从版权内容的主体特征来看，微版权指碎片化的内容，或者篇幅微小的内容，比如微博、微信、微电影等。其次，从授权对象的角度，微版权可以指对传播网络边缘，也就是个体的授权，"微"代表的是"众"中的个体。最后，从授权交易价值的角度，微版权可以指单次版权授权交易价值微小的版权交易。内容企业需要针对新内容形式，面对新授权对象，以新的商业模式，制定自己的"微版权"战略，对版权进行精细化运作，从而实现对内容价值的全面挖掘。

一、微版权战略中的控制

版权本身代表着一种控制。据说在法国，雨果曾经申请过一个法院的禁令，禁止任何人在公众场合读出他的文章。因为他认为这样会影响到他纸质图书的出版和印刷的数量。法院没有支持雨果的这个要求，因为法院认为没有办法禁止这种行为的发生。今天当人们在想怎样去挖掘微版权价值的时候，首先要考虑的就是这个问题的另一面，即对微版权的控制，可以说这是一种很难实施的控制。就像当年法国法院没有办法支持雨果禁止所有人在公众场合朗读他的作品是同一道理，那么政府只有一个选择，就是放弃这种控制。而作为内容出版商，则需要寻找一种新的经济挖掘方式才能实现微版权的价值。

这方面的案例，浴火重生的音乐产业非常值得学习。在 iPod 刚出现的时候，音乐产业被认为已经穷途末路，CD 的销售量一落千丈，所有的唱片公司觉得他们无法再存活下去，但是今天其实人们看到的是一个更欣欣向荣的音乐产业。原来几年才有可能成功包装运作一个明星推向市场，他们的成名周期很长，但是现在一年可以产生很多明星，如《中国好声音》的吴莫愁、金志文、吉克隽逸等。为什么？就因为传播的渠道改变了，人们对内容版权价值的挖掘获得了更大的平台，而这些平台为产生出更多的版权价值提供了一个良好的环境。如今的音乐产业运营者，把音乐放在网络平台上，让大家免费使用，免费下载，表面上看没有直接盈利，但是他们将之作为一个宣传平台，从经营歌星、经营产业的方式中，找到了新的价值挖掘方式，获得了更大的经济回报，比如成名于 YouTube 的欧美乐坛流行音乐小王子贾斯汀·比伯，就是非常成功的案例。所以，在人们进入免费时代的同时，这个免费的时代给大众提供了更为广阔的一个版权价值挖掘空间。

在学术和专业出版领域，美国政府和英国政府 2014 年将会推出一系列关于 OA 的资源,也就是开放获取资源的一系列政策。在政府的要求和资助下,美国很多专业和学术出版内容将会进入 OA 领域。OA(Open Access)即开放获取,以免费的方式去获取学术和专业的内容。曾经有人统计过,学术论文的平均阅读率是 1.24 人,从这个意义上说,大多数的论文,唯一的读者是它的作者。OA 则可以让学术内容得到更广泛的传播,出版机构在其中充当的角色是——从政府获得资助,然后完成其传播者的重要作用。在全球范围内,在学术和专业出版领域,开放获取的模式将成为一个非常重要的主流模式,有些问题值得出版业的从业者反思:我们是否为之做好了准备;不管是引进内容也好,输出内容也好,我们是否意识到这样的一个模式将占据着市场中的主流;我们需要思考大数据时代能为我们的内容产业做什么。

二、微版权战略的"众"作用

在微版权时代,这种控制最终是可以由受众参与实现的。《哈利·波特》的全球营销众所周知,出版商规定在半夜 12 点的时候,全球统一发售《哈利·波特》图书。这在出版史上几乎是一件不可能的事,因为每一册图书进入书店到达消费者的手中之前,有很多环节,比如:印刷、库存、运输等,任何一个环节内容都可能出现时间差或者对接上的问题,但为什么《哈利·波特》的七册书都能通过这样的模式实现全球发售呢?那是因为全球所有的《哈利·波特》迷,都在共同珍视着这样一个秘密。这个长链条的控制,不是由国家机器实现的,也不是由专业机构实现的,而是通过内容的魅力去凝聚受众,再通过内容的受众来保护秘密。这是一个非常让人感动的例子,全世界的《哈利·波特》迷,当任何人试图外泄新一册即将发售的《哈利·波特》图书内容之时,马上会有《哈利·波特》迷挺身而出进行反对,甚或直接向相关机构举报,全球的《哈利·波特》迷享受着这个共享秘密的过程。所以真正的控制，是基于内容的魅力，让内容受众去协助实现对内容的保护，而这个保护不是任何技术或者国家机器能够实现的。

在微版权时代，内容的授权从网络核心转向网络边缘。如今的版权贸易，指的是一对一的排他性授权，在合同中经常有 exclusive 这个词。但是在数字出版时代，这种授权模式正从一对一，转向一对多。因为数字内容的价值就在于通过一对多的挖掘去成倍地扩大版权价值。可以预估，未来越来越多的版权交易将不再是排他性的，版权持有人将进行覆盖面更广的多维授权。一对一通常集中在 B2B，也就是机构对机构的授权，一个出版社对另外一个出版社的授权；而一对多的授权可以是 B2C 的授权。参考共享软件的模式，共享软件的基础功能免费，而额外功能在对个人授权时只需要支付很少的钱，3—5 美元。传统的出版社授权模式是指出版机构对出版机构的授权，而现在的授权模式则要更多地思考如何建立版权的一对多，也就是 B2C，即机构对个人的授权模式。比如，电子书销售读者购买的实际上是一种阅读权的授权。我们需要从物权转移的模式过渡到知识产权授权的思考方式。

一对多的授权还可以理解为对各种衍生权利的挖掘。衍生权利之间的相互促进，也就是说如何从综合授权的方式中获得各种权利和授权对象之间的互相促进，如何从一对多的方式中获得不同的授权利益。《哈利·波特》电影的授权是怎样刺激《哈利·波特》图书的授权，每一次电影和图书出版周期之间的规律值得深究，其主要策略为在图书出版进入一个慢坡谷的过程时，用电影的推出去刺激图书销售的再次攀升。由此可见对于一对多授权的控制和分析之重要性。

三、微版权的价值塑造

微版权的价值塑造需要从五个方面去建构和考量。

第一，从网络核心授权方式到网络边缘授权方式的转化过程中，权威性将得到进一步凸显。如何在这个授权的时代中树立出版机构的权威性，也就成为一个非常重要的课题。比如说百科类的内容，在线百科可能是完全免费的，但是如何能够从这些免费的内容中获得经济利益呢？这就需要为之增添专属的权威性，充分利用包括专业库、专家扩展词条库等权威性内容，获得经济回报。再比如，中华书局有很多的古文，可能这些古文本身是免费的，因为已经过了版权保护的期限，但是中华书局权利的价值，恰恰体现在其品牌所带来的权威性。其所组织的专家也好，或者其作为生产者的编辑们也好，都为相关内容增加了权威性。因此出版社应考虑的是如何发挥并利用出版企业在授权过程中的权威性。

第二，是群众性的价值。如何让更多的人接受授权，从销售走向授权的这样一个转化，就是从 B2B 授权转入到 B2C 授权。B2C 的授权越广泛，群众性的授权所带来的传播价值就会越大。微博上众多大 V 所具有的网络话语权，就是体现了群众性带来的价值。而这种价值可以是直接的微收入，也可以是从免费传播中转化出的经济价值。

第三，塑造碎片内容的价值。以往谈版权贸易，指的是至少有两千美金预付的版权贸易，但现在由于数字平台和数字技术的发展，版权授权不一定再以两千美金预付为起点。可能美国的一个教授需要使用某本书中的几页，那么这种版权模式，在现有的版权贸易中是否已经覆盖了；也许是美国的一个教科书出版商，需要通过定制化出版的方式使用某本教材中的某一部分，而现有的版权授权模式是否已经覆盖了这样的模式……这些都是值得出版业从业人员思考的问题。如今对网络边缘的授权模式已经让版权走向了微版权时代。比如，某出版商希望在其印制数量十万册的图书中使用某教科书中的三页，那么在我们的管理系统中是否可以很好地处理这样一个交易？版权和版税的管理人员通过系统输入：什么时间点，在多少册数中使用哪几页，支付数额是多少……都能很直观地推算出结果，节约中间流程，提高效率。现在的出版社可能会有这种需求，但是整体数额太小，因此也没有办法从这个数额中获得预期的利益。但当系统覆盖它的时候，出版社就有可能从这些微小的版权收入中获得更多的利益。

第四，塑造内容组合授权的价值。包括英国出版科技集团 advance 复合出版管理系统在内的国际领先的业务管理系统，已经可以让出版机构生产内容产品包，把一个个碎片化的内容元素组合成各种产品。在编辑的过程中产生各种元素，这些元素构成了纸书、电子书、纸质期刊、电子期刊、光盘、产品包等。当一个客户在选择内容的时候，可以选择这样一个产品包，这个产品包中包括一本纸质书、一本电子书和一个系列图书。比如：大学的班级可以整体购买这样的产品包服务，这既包括了线上的资源、纸质的教科书、课外阅读材料，也包括老师的教辅材料等。如今的版权价值挖掘，实际上是要把原来作为销售的内容和现在作为授权方式产生的内容进行一种有效的结合，如此才能够实现对版权价值的全面挖掘。现今一些国际出版集团的管理系统，其生产的产品类型大类中包括图书、期刊、电子内容、数字订阅、数字图片等。查询者点击"书"，会有长长的类型列表出现，包括精装书、平装书、电子书、在线课程、年鉴、丛书……其中既有数字内容类的产品，也有纸质类型的产品，两种类型下又分很多种小类别，通过对产品类型的细化去触发相应的生产过程。同时，每一种产品类型，都具有多种授权模式，人们可以想象，一本电子书有几十种不同的卖法，包括一个星期的授权，十次下载的授权，一百个具名用户下载的授权，十二次获取的授权，等等。也就是说同样的一个版权作品可以有几十种的销售方法，这些销售方法中既有纯纸书的销售（physical），也有混合式的销售（mixed format），换句话说是既有纸书，也有数字内容的销售。这些多种的授权和销售模式的结合，保证了其最大限度地提高内容的可复用率，即可重复使用的频率。保证了每一种状态，每一种格式，是什么样的授权。

第五，便捷是促进版权价值挖掘的核心，不要让流程成为实现版权价值的阻碍。由于现在的版权交易过程是以 B2B 为核心的，所以各个出版社都有很复杂的版权交易流程。但进入微版权时代之后，原来一年几十个版权合同可能会变成几千、几万个合同。那么我们的流程是什么，我们如何处理这些微版权交易，如何将这些微版权交易的利益，准确透明地计算给作者和其他贡献人，并形成结算，从而逐渐让授权链条的各个利益方认识到微版权交易的价值，形成良性循环，又将成为出版从业人员亟须解决的问题。美国麦克希尔出版公司每天全球的销售，全部可以通过它的系统，在 1 个半小时之内，完成每个作者和贡献人的版税拆分。所有的图书和所有的权益销售，包括出口版权、本地销售、作者购买、图书俱乐部版权、全球版权等，全部都在这个系统中得到管理。每一种版税的计算都在这里记录，当作者的销售达到一个数额的时候，版税的支付比率会发生变化，它与销售系统是连通的，也就是当销售那边的册数上升到一定数量的时候，这边会自动进行变化。因此，通过这些记录就能非常透明地随时生成给作者和所有的版权利益人之间的交易报告，包括结算周期等。

大数据时代技术变化带来出版产业进行版权价值挖掘的新平台和新手段。网络技术的发展和大数据技术的普遍应用将让我们的出版产业开始面对传统版权的概念变革。在这场变革中，控制不是唯一的目的，握紧拳头，你将一无所有。盈利才是终极目标，张开双手，我们将获得更多。

（文章原载《出版广角》，2014 年 2 月下）

参考文献

[1] Ted Striphas, *The Late Age of Print: Everyday Book Culture from Consumerism to Control*, Columbia University Press, 2009.

[2] 张书乐:《"微"时代的版权困惑》,钛媒体网,http://www.tmtpost.com/42349.html,2013年6月8日。

张开双手,你将获得更多

在构建数字内容平台的时候,人们通常希望平台首先是海量内容的聚合体,因为海量内容是吸引客户和资本的重要因素。但海量就是好事吗?图 1 所示的线条 A 表示产品数量的长尾,相对应的线条 B 是运营这条长尾的成本线,这两条线的交汇处是盈利的临界点。临界点左侧,海量产品是可以盈利的;但在它的右侧,品种成本超过它能带来的收入。因此,做内容平台,弄清楚运营成本这条线和盈利的临界点在哪里很重要。在我看来,很多内容平台恰恰是被海量拖死的,因为长尾太长,平台反而失去了盈利能力。

成本线由哪些因素组成?很多人首先会想到图书的数字化加工成本,其实现在很多出版商在数字化方面做得很好,而被大家忽视的数字内容格式才是建设和运营平台的最重要因素。目前国内数字格式并不统一,所以选择平台格式非常重要,这决定了我们的投入成本,如果格式选择正确,可以省很多钱。

第二,内容版权合作成本。内容成本由不同的商业合作模式决定,如果采用分成模式,成本可以忽略不计;但如果是畅销书,一本书需要预付高额的版权费。第三,与平台内容相关的法律成本。即便对版权很重视,但运行海量品种的图书平台,还是会引发很多案件,有时是授权

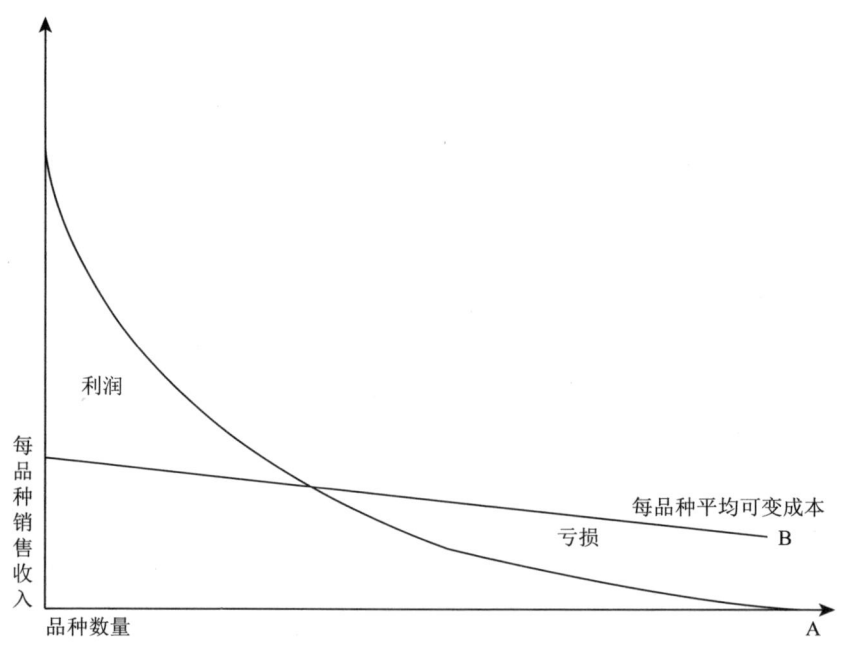

图1 被长尾理论忽视的成本线

有瑕疵,这些产品的销售获益和维权成本相比,几乎可以忽略不计。第四,跟平台内容相关的市场推广成本。内容虽说是流量入口,但平台的设计和结构决定了内容的可发现性;海量内容中谁的内容更容易被发现,谁的内容就会走在前面,然后才是内容质量。如果平台在设计上,能将平台内容很好地与搜索引擎互联和索引,就可以节省推广成本。

此外,数字出版很重要的版权合作是销售分成,如果平台的后台透明,内容所有方可以看到内容在平台中如何被使用、被流转、被结算,双方容易产生信任;但如果过程不透明,就很难有进一步的合作。运营数字平台还有客户服务成本,平台不是只需要建成就好了,还要做好售后服务的工作。以上这些因素,构成了以海量内容为特点的数字平台的主要成本。

有没有办法降低成本？有一些方法。首先，一些拥有先进数据转化工具的聚合型平台以及由个人用户支持的 P2P 平台，它们的平台成本可以说是接近于零的。比如虽然说前者的建设成本很高，但建设好后，各种嵌在平台里的数据转化工具就可以发挥作用，如：中图易阅通平台，接入全球 400 多家出版社的 500 万种图书内容，目前内容还在自动载入和增长。以及其他如个人用户支持的 P2P 平台，其内容和服务都是个人上传的，运营成本线很低，但运营这样的平台风险很大，因为内容审查成本较高。虽然说 P2P 平台可应用"避风港"原则降低风险，但内容审读仍是一个海量的工作。此外，还有一些使用率不高但需要服务机构用户的平台。

如何运营数字平台

数字化学习平台的主要版权运营问题包括，合理使用的版权界限和版权保护、用户产生内容的版权价值、多媒体内容的版权归属和碎片式内容的版权跟踪与价值实现。版权跟踪是一个复杂的命题，因为碎片式的内容没有独立的编码，在进行版权跟踪和维权的时候会有很多问题，这也是大家要注意的地方。

平台在进行成本控制之后，我们需要对平台进行价值挖掘。西方出版社的管理系统有多种产品类型设定，可以细化到 20 多种，如书、线上课程和电子内容，以及精装、简装、电子书等各种类型，每个产品可以有 20 多种授权模式，既有时间授权的，也有按照订阅周期授权的，还可以把不同的产品进行打包，生成包中包提供给机构。这些内容可以在平台上进行版税拆分、跟踪和结算。目前授权有多重商业模式，如：以 Overdrive 为代表的"一书一人"模式，以 Dawsonbooks 为代表的"信用点数"计费模式，以 ABCClio Book 为代表的"无限制模式"，以 eS-subscribe 为代表的限时阅读计费模式，以及以 Public Library Online 为代表的机构年费模式等。

在互联网时代，我希望出版人能共同思考数字出版时代的"控制"这个问题。我们过去是从版权控制中获益，但当控制已经无法控制大众，就要寻找新的经济挖掘方式。我希望大家向音乐产业学习，思考如何浴火重生，如何从分享而不是控制中获益。我们的授权，需要从一对一的排他，到一对多的互相促进，再到多对多的网状覆盖，促进广泛性授权。版权正在走向"微版权时代"，比如，通过授权图书中的某一些章节获益，并因此产生多种微支付模式，但现在的问题是，要么版权所有方不授权，要么是用了白用。我认为免费和盈利并不矛盾，免费不等于不盈利，如果有好的内容，握紧双手你将一无所有，张开双手，你将获得更多。

同时我希望，不要让流程成为实现版权价值的阻碍。像海外的麦格劳-希尔出版社，一本新书进入系统后，其全球版权销售拆分和销售方式可以在半小时完成，这样先进的系统可以支持很多新产品的创造。海外已经进入这样的微版权时代，我们却还在依靠纸质合同，做版权版税系统，版权的拆分也要靠手工填报结算，这就没办法解放生产力。

（文章原载《中国出版传媒商报》，2015 年 2 月 6 日，第 010 版）

2014，圆梦数字出版

当我 2000 年完成英国斯特灵大学出版学硕士，申请伦敦帝国理工计算机科学硕士的时候，我对面试教授说，出版业的未来会和技术密不可分，技术将支持创意的实现，所以我需要学习计算机技术。我的 2014 年是看到自己愿望得到实现的一年。

在 2014 年 4 月的伦敦书展上，北京英捷特获得了国际出版业杰出奖——国际技术供应商奖项，这是中国出版技术企业首次获得国际出版行业大奖，我在年末又被评为年度数字出版人。这些都说明，我们已经成为出版产业的一部分，我们的努力得到了国际范围内出版同行的认可。2014 年北京英捷特承接了法律出版社、北京大学出版社、中国大百科全书出版社的复合出版管理系统项目，中华书局的中华基本史籍知识库项目及业务管理系统项目，国家新闻出版广电总局的出版社数字化转型升级项目中 11 家出版社的复合出版物发布与管理系统，继续进行中图易阅通以及中图内部业务系统的建设，还完成了河北出版集团中国艺术数据库等多个项目的建设。公司团队目前包括 60 名专业计算机工程师和架构师。

在 2014 年的业务拓展中，我深切地体会到，出版行业目前的数字出版转型已经从发布走向生产环节，出版机构开始从内容产生的流程中去创造新的产品形态，并且通过将新的产品形态整合进入全出版的业务流程，来实现传统出版与数字出版的融合。数字出版已经不仅仅是将数字化的图书发布到网络平台，而是让编辑们把技术能够实现的新创意、新产品和他们的策划能力相结合，提高内容的复用率，生产出多种形态的新产品。复合出版管理系统成为出版企业进行内部生产流程改造的重要支持体系，出版企业的 ERP 正从以财务为核心的记账体系，变为以产品为核心的生产支持体系。北京英捷特的复合出版业务管理体系，从编辑产生概念和想法开始，覆盖多种形态的内容产品，支持不同业态产品的编辑、生产、发行、财务流程，从而让数字出版产品成为出版社一个新的产品形态，而不是一个单独的业务，让现有人员能够充分发挥他们的策划能力和营销能力。

在这个过程中，技术只是基础设施，不会决定最后的结果，出版业的竞争在经历数字出版技术变革后，会回归到策划能力和创意能力的竞争。所以我一直认为，提高现有出版人员的技术理解力和技术自信心是出版产业下一阶段的核心竞争力。哪个出版机构拥有更多有能力迅速吸收新知识，并能够进行数字形态出版物产品策划的人员，哪个出版机构就会获得竞争先机。2014 年，北京英捷特推出了数字出版管理人员 3C 培训计划，包括对出版专业毕业生和初级编辑、业务骨干、管理人员三个层次的培训方案。我们希望从提供技术到帮助合作的出版机构完成对其员工技术素质的培养——因为出版和技术从现在到未来，都会像出版和印刷一样，是密不可分的。

在 2015 年，我希望北京英捷特能够继续为处于重要转型期的出版企业提供强有力的技术支持。随着出版机构对技术熟悉程度的加深，我们将变得更隐形，因为好的技术本就应该是无形的，可以让出版人摆脱技术的束缚，让更多创意和策划尽情闪耀，吸引更多的人热爱阅读，将中华文化更好地介绍到世界的舞台。

（文章原载《出版广角》，2015 年 3 月）

英捷特发布"出版科技生态环境"
新理念助推出版企业转型升级

随着国内出版企业数字化转型升级的加速,数字出版产业蓬勃发展进入新阶段。在8月26日开幕的第22届北京国际图书博览会(BIBF)上,国内首家荣膺国际出版技术大奖的北京英捷特数字出版技术有限公司正式发布"出版科技生态环境"新理念。除了承诺面向出版企业提供世界领先数字出版技术解决方案之外,英捷特还要与国内出版企业建立深度合作联盟,努力构建符合出版企业未来发展方向的出版科技生态环境,使出版企业的技术产品和数字技术高度整合有效配合,帮助出版企业实现转型升级,增强国际竞争力。

北京英捷特公司是一家在全球数字出版浪潮中成立的中方控股的中英合资企业,为快速发展的中国出版企业提供全方位数字出版技术解决方案。英捷特公司总裁孙赫男女士表示,处于深度变革中的中国出版企业,不仅仅需要一款单独数字技术软件产品,而是强烈需要一个能够帮助她们构建符合未来发展方向的出版科技生态环境。"英捷特出版科技生态环境"概念的提出,是英捷特作为植根于国内出版行业的专业技术提供商,以服务出版行业的强烈责任感和使命感,将改变以简单销售软件产品、单纯追求销售利润为终极目标的传统商业模式,通过与客户建立长期的战略联盟关系，帮助客户分析、梳理、建立、规划其信息化战略，以及实施该战略所需的定制化技术路线规划，完成内容生产流程，支持内容的价值实现，联结潜在的目标市场。

据介绍，英捷特出版科技生态环境首先能够帮助出版单位在资源碎片化的同时，建立、容纳专业领域知识体系，使得传统编辑在审校稿件的同时，可以按照标准将标引后的知识点纳入知识体系中进行统一管理，形成内容资产，并赋予各类关联的授权权利，进而支撑形成差异化的出版产品。此外，提取的各类元数据信息，可以按需对接不同的学术检索引擎，提高内容在全球范围的可发现率。在对内容生产实现有效管理的基础上，针对不同出版单位内容特性和面对市场的差异性，英捷特出版科技生态环境独有的技术体系可以方便地帮助出版社生成内容聚合分销平台、专业内容知识服务平台、学术期刊文献平台、社交分享阅读平台、移动阅读解决方案等满足各种内容生产和消费场景的核心产品，并在各个方案之间形成内容、数据、信息三位一体的有效互动，提供全球学术内容运营渠道和检索引擎的对接，并由此进一步在运营过程中提供数据智能分析、国际数字出版管理以及内容生产策划培训等系列服务。

（文章原载《新经济导刊》，2015年9月）

人工智能技术与学术和专业出版的融合发展

人工智能是使用机器代替人类实现集认知、识别、分析、决策等功能于一身目标的多学科技术，其本质是对人类意识与思维信息过程的模拟。在 2017 年 7 月国务院发布的《新一代人工智能发展规划》中，知识计算引擎和知识服务技术被列为"关键共性技术体系"，并且这个规划提出要"重点突破知识加工、审读搜索和可视交互核心技术，实现对知识持续增量的自动获取"。这为学术出版和专业出版带来了进一步与人工智能技术结合从而实现产业融合发展的良好契机。

一、学术和专业出版与人工智能技术结合的先天优势

学术和专业出版行业作为内容生产者、知识服务者，拥有能够突破人工智能学习能力的海量内容数据，这些数据，内容关联性已经建立、市场需求明确、客户群体精准，在人工智能技术应用上享有得天独厚的优势。学术出版和专业出版商，有望率先实现人工智能时代创新型知识服务商的转型，为出版业迈入知识服务时代提供典型案例，进而为文化创意产业与人工智能技术融合开辟路径。关注和研究人工智能的发展趋势及现状，应用人工智能技术促进学术和专业出版的创新型知识服务发

展，探索学术和专业出版知识服务的实现路径及发展战略，有利于提升我国学术传播手段和路径，扩大学术传播范围，创新学术传播方式，提升中国学术影响力，对全国相关数字出版企业的发展也将起到一定的引领和指导作用。

从宏观层面研究来看，国内对于知识服务的研究主要基于知识服务的观念和方式两个角度，对知识服务的特点和本质进行研究与分析。王晓光在《人工智能与出版的未来》中提出，知识是连接出版与人工智能的重要概念，随着蕴含知识的出版内容逐渐数字化和可计算化，人工智能与出版之间的相互作用日益强烈。张淑雅等人在《关于出版企业知识服务模式的思考》中认为出版业的知识服务是广义的知识服务，即基于数字技术提供系统化知识的服务。出版企业向知识服务提供商转型存在可能性和必要性，一方面是由于国家政策的扶持和现代数字技术的驱动，另一方面源于信息时代对出版企业提出的要求。在转型过程中，不同出版企业选择路径不同。孙晓翠在《"企业2.0时代"出版企业向知识服务提供商的转型升级模式》中认为主要有内容服务型、科技服务型和平台服务型三种发展模式。张新新、刘华东以《新一代人工智能发展规划》为视角，指出在人工智能时代，出版流程在群体智能理念指导下进行再造，数据成为出版生产要素，AR/VR智能出版、智能教育等智能化方向成为崭新形态。从微观层面研究来看，国内学者侧重从内容生产、内容编辑、内容发行传播等方面探讨人工智能对出版各环节产生的影响。宋宁远在《面向智慧数据的科学知识图谱构建——以 Sci Graph 为例》中通过分析斯普林格·自然集团的 Sci Graph 项目，提出知识图谱作为智慧数据的表现形式之一，是人工智能在专业出版领域应用的基础。

综上所述，与出版产业结合的人工智能研究主要集中在自然语言处理、深度学习、专家系统领域，涉及知识的生产、表现和传播。学者普遍认为人工智能技术和出版产业的深度结合是出版业未来发展的必然趋势。

二、如何建立面向知识服务应用的人工智能研究

人工智能技术的迅猛发展让行业的先行者立足于文化与科技产业融合的发展大背景,密切跟踪行业需求和实践,针对人工智能技术进行应用研究,通过研究访谈、数据采集、文献整理、技术路线分析,对学术和专业出版社如何应用人工智能技术提供创新型知识服务做现状总结,并对这个领域的未来发展趋势进行预测。

学术和专业出版领域不断涌现各种创新型服务案例,目前学界和业界对于这些案例的总结和研究还非常有限。那么,如何建立面向知识服务应用的人工智能研究呢?

首先,要进行背景分析。要对国内外与推动人工智能发展相关的内部环境和外部环境进行分析,分析人工智能在全球范围内各领域受到广泛关注的内在原因和外在原因,对相关政策进行梳理总结。人工智能、大数据以及数字出版具有各自的研究发展脉络,而创新型知识服务是这三条分别发展的主线的融合体现。出版行业作为知识传播的主力军,对新技术特别是传播技术的吸收应用一直走在社会各行业的前列。学术和专业出版是最早完成数字出版转型的领域,通过创新型知识服务,将数字出版积累的数据资源与人工智能技术结合,挖掘更大的知识价值,服务更广泛的受众群体。

其次,要结合图书馆情报学的理论研究,分析学术和专业出版的主要市场,从满足需求的角度,对目前知识服务的主要服务对象、服务方式进行梳理。学术和专业出版的内容是具有高度规律性的内容,是具有显著结构化特征的非结构化数据,对其进行规律总结可以形成知识服务技术产品。目前,在国家新闻出版广电总局的知识服务工程中,主要的

学术和专业出版机构都建立了知识服务工程的示范项目，因此，需要对已经形成的知识服务技术体系进行总结描述，这是人工智能技术实现行业应用的基础。

再次，要重点关注对数据的分析。如何突破目前出版行业推动人工智能发展的瓶颈，关键在于数据。数据是驱动人工智能发展的关键元素，知识数据体系构建的成功与否，决定是否能够真正产生人工智能技术应用。这里包含四个层面的内容，一是知识数据的采集，即如何实现自身数据、合作数据、外部数据的聚合和清洗，形成统一的数据标准，从而降低后续数据工作的成本。二是如何对已经采集的数据进行机器友好的标引，建立知识工人的标准工作方法和流程，形成具有可支持人工智能的细颗粒度标引，支持知识引擎的运行。三是知识引擎的构建方式，即如何开发知识引擎的自我学习能力。目前已经形成了不同的方法，但仍然不够完善，如何形成优势互补的方案，亟待研究。四是知识更新的方案，必须建立稳定的数据更新机制，才能保证知识的准确性、知识更新的及时性，以及知识数据的价值。

需要意识到的现实是，虽然有国家政策明确指引人工智能技术与具体行业融合，人工智能技术将从根本上改变出版内容生产、编辑、发行、传播等环节，推动出版业态重构升级，但人工智能技术的应用仍处于探索阶段，实现成熟的出版业智能化市场应用仍需假以时日。目前，业界研究者注意到人工智能部分应用还未能产生经济效益，对于人工智能技术对出版业影响的研究探讨，仍集中于基本理论、基本概念、产业政策和重要意义等宏观层面，人工智能技术投入实践应用的案例研究缺位。

三、从 Yewno 看知识服务模式创新

Yewno 是由 Ruggero Gramatica 于 2014 年创建的一家美国公司。创始

人是经济物理学的研究学者,他利用物理学派产生的数据结构来描述经济和金融周期,然后将数据框架应用于其他复杂领域。其在知识服务模式创新方面,有几点创新值得借鉴。

第一,对知识节点的挖掘。Yewno 的核心理念是对知识节点的挖掘,并且将知识节点的关联应用到了许多不同的学科,服务于教育和出版领域。Yewno 为教育领域提供 Yewno Discover 服务,让高中生和大学生可以很容易地发现知识的内在关联,并且从知识节点直接关联到相关的内容资源,节省了学生做研究论文题目的时间。Yewno 为出版领域提供的 Yewno Unearth 服务,可以让学术和专业出版机构建立自己的知识图谱,将出版物内容关联至知识图谱中,并且可以让各个垂直的知识图谱形成独立的出版物和数据库,提高了出版素材的价值。通过两种产品的有效联结,知识节点的使用者和知识节点的创造者实现了连通,加强了知识节点的准确性和有效性。

第二,形成非常细颗粒度的知识结构。Yewno 为出版商提供的 Yewno Unearch 主要应用了语义计算技术和机器学习算法,将出版物的每个单独部分进行处理后,形成了非常细颗粒度的知识结构,极大超越了目前的分类法和标签体系,而这种细致的颗粒度,又推进了 Yewno Discover 用户对信息的使用。

第三,基于对信息的摘要性理解,以及对知识的可视化提供研发产品。Yewno 的所有技术产品都是基于对信息的摘要性理解,以及对知识的可视化提供研发的。每个学科和产品,都拥有特定的语料库和机器学习算法,以保证对内容的准确理解。Yewno 的技术产品还通过产品的相互配合,形成了对任何领域信息的理解能力。

Yewno 公司给我们探索人工智能技术驱动下的知识服务模式提供了非常好的案例示范。自然语言理解技术和机器学习技术的结合,产生了人工智能技术驱动下的知识图谱。但是对知识图谱的应用,如果只局限在出版行业的生产环节，会失去用户刺激下的智能提升可能，如果只用于面向用户的内容显示，则会失去数据产生的源头。Yewno 的产品设计，恰恰形成了数据的良性增量和不断反馈的训练过程。Yewno 的知识服务模式创新，值得国内出版业界研究和借鉴。

四、人工智能技术应用于知识服务的瓶颈突破

人工智能技术应用于知识服务，必须解决从非结构化数据中形成对知识的挖掘和总结这一难点，才能让机器更好地理解内容，形成持续提高知识理解力的训练过程。然而现实中，知识在内容中的分布还是缺乏规律性。学术内容和专业内容，由于有学科知识结构和专业语料库的支持，机器可以通过关键词搜索、词义距离计算、知识结构树这些辅助要素，形成对内容的判断。特别是学术期刊，作者提供的摘要、关键词和参考文献可以对机器学习起到支撑作用，机器还可以将学术期刊内容作为智能计算结果的对比参照物。这些都有助于机器突破人工智能学习能力瓶颈，提高智能化水平。

可以说，学术和专业出版不仅是人工智能技术的应用方，也是人工智能的智能源。通过对学术和专业出版高质量内容的结构化解析和关联，将成果应用于各行各业的人工智能大脑，可以让人工智能获得更丰富的专业知识，更好地为人类服务。比如：IBM 的机器人——沃森医生。沃森医生通过对数十万医学类图书、期刊文章的学习，可以综合掌握医疗知识；通过对十几万病例的学习，不仅成功通过了医生执业考试，还能够给出与副主任级别医生几乎完全相同的诊断和治疗意见。由于机器之间的快速连通性，往往病人还没走出造影室，沃森医生就已经根据收到的扫描仪信息，给出了诊疗意见。目前沃森医生已经开始为多家大型医院提供诊疗意见，通过与人类医生的意见对比，保持持续的智能训练。又如德勤会计师事务所的小勤人会计机器人。它通过了会计师

考试,可以完全取代初级和中级会计的工作,将账目的整理、审校环节完全自动化,减少了大量文案工作。而且小勤人会计机器人不需要软件就可以完成工作,速度快、效率高、差错率低,可以解决会计年底年初工作量超负荷的现实问题。

综上所述,内容服务产业链主要包括内容生产、内容传播及用户体验三大环节,在每一个环节,又有不同的角色参与其中,这为人工智能技术在很多环节的应用提供了可能。研究发现,目前可见的人工智能技术行业应用既包括科技内容智能出版体系等定制行业应用案例,也包括智慧机器人、科研助手(如 Sci Graph)、行业服务(如 IBM 的沃森医生)、教育服务、数据出版等行业应用产品或服务。未来,人工智能技术的行业应用前景将更为广阔。

大多数案例的开放界面为前台使用界面,研究人员需要提升对人工智能多类别应用技术的理解力,从可见的应用界面入手,梳理其背后的技术脉络,对人工智能技术驱动的技术方法进行具有可操作性的总结再现。因此,行业迫切需要掌握出版行业、计算机信息技术、图书情报学涉及的学科基础知识,能够从生产、实现、使用的不同环节,对人工智能技术驱动下的创新型知识服务模式做深入剖析的研究人员,共同捕捉人工智能技术在国内外学术和专业出版领域的应用实例,洞悉人工智能技术如何形成创新驱动力,推进人工智能技术与学术和专业出版的深入融合。

(文章原载《出版广角》,2018 年 4 月上,总第 313 期)

参考文献

[1] 王晓光:《人工智能与出版的未来》,载《科技与出版》,2017 年第 11 期。

［2］张淑雅、杜恩龙：《关于出版企业知识服务模式的思考》，载《出版广角》，2017 年第 7 期。

［3］宋宁远、王晓光：《增强型出版物模型比较分析》，载《中国科技期刊研究》，2017 年第 7 期。

［4］孙晓翠：《"企业 2.0"时代出版企业向知识服务提供商的转型升级模式》，载《出版发行研究》，2017 年第 8 期。

［5］宋宁远：《面向智慧数据的科学知识图谱构建——以 Sci Graph 为例》，载《科技与出版》，2017 年第 11 期。

［6］张新新、刘华东：《出版＋人工智能：未来出版的新模式与新形态——以〈新一代人工智能发展规划〉为视角》，载《科技与出版》，2017 年第 11 期。

［7］段弘毅：《数据驱动的机器智能叙事——以 Narrative Science 为例》，载《科技与出版》，2017 年第 11 期。

［8］官思发：《大数据知识服务关键要素与实现模型研究》，载《情报资料工作》，2013 年第 2 期。

［9］许剑颖：《数字出版知识服务的内涵、模式及对策》，载《科技与出版》，2017 年第 11 期。

［10］曹沁颖：《人工智能对出版业的影响及应对浅析》，载《科技与出版》，2017 年第 11 期。

如何出版寓教于乐的家庭教育产品
——通过有趣故事，培养自主学习

　　一系列"双减"政策出台之后，与教育产业密切相关的教育出版界开始调整产品战略。凤凰出版传媒集团的宋吉述在《"双减"政策下教育发展思路》一文中提出，新政策对于传统学科类教辅图书发行的影响显而易见，并预测这将同时带来"两升"，即综合素质类和家庭教育类用书的双升。面对这种情况，出版人应提前在产品战略上进行布局和调整。

　　学前阶段和小学低龄段是本轮教育政策调整的重要着力点。当下，学科类课外培训线上线下纷纷终止，一些家长焦心于自己已经付出的学费无法退回，更多家长突然要面对多出来的家庭教育时间，感觉缺少能够吸引孩子注意力，既可以让孩子在家庭教育场景下进行自主学习，又可以让孩子不断提高认知水平的好内容。"教育"和"玩"在很多孩子的认知中是正反两面。比如，如果家长说要"学"什么，很多孩子第一反应就是拒绝，"我不要学"，而家长如果说要"玩"什么，孩子一般愿意配合。对于学前和低学龄段的孩子，"玩"是符合他们天性的全天候需求，而"学"是通过引导甚至强迫才能实现的。寓教于乐是针对这个年龄段内容产品的重要设计原则，但是知易行难，市场上真正能实现寓教于乐的好产品是非常少的，这个原因是什么呢，在策划和出版过程中，又有哪些好方法呢？

一、家庭教育产品策划难点

第一，从结构设计上讲，教育内容一般具有体系性。一方面，教育讲究知识的递进性，所以在教育内容的结构设计上，先后顺序很重要，这种递进性在培训机构和教育机构中，是通过老师的教研准备来设计先后顺序，儿童其实是在无意识的跟随中实现递进性。另一方面，教育讲究知识点的全面性，就是不能有遗漏。所以很多内容即使无趣，也要通过老师的课堂教学，实现对知识点的覆盖，否则就是知识体系不完整，容易给儿童带来认知偏差。老师在教学设计中，通过教学辅助手段，比如设计游戏、实验等，增加趣味性，引导儿童了解知识要点。而家庭教育产品，不管是从递进性上还是知识点的全面性上，都很难要求家长像专业老师一样去进行引导，需要依靠内容本身来进行引导。那么如何让一个五岁的孩子自己按照体系性进行顺序学习，并且保证他们对所有内容都产生兴趣？这在实践中是不可能的。相信许多低龄儿童家长都有这样的经历，打开一盒子的教育内容系列图书，孩子是不会按照家长要求的顺序和方法来阅读的，也不会所有的书都愿意读，所以能完成整套系列图书阅读的孩子很少，不少孩子无法实现图书策划者预期的从感知到认知的转化。

第二，从内容表现手段上讲，由于低龄儿童认识的字非常有限，图书产品上一般字数不多，以图为主。孩子依靠老师的延伸讲述来了解内容，而家长一般没有时间备课，如果按照书上的文字内容讲述，内容非常有限，也很难引起孩子的兴趣。近几年，很多家庭教育产品都配备了家长手册，但是又有多少家长会认真阅读手册，按照手册内容辅导孩子就不得而知了，很多手册就是教育类图书的教师手册的翻版，家长是很难有时间按照手册的引导培养孩子的。很多家长说:"我买书就是为了让孩子能够自己看,等于花钱买时间,自己可以休息一下。"如果家庭教育产品需要家长像老师一样进行详细准备和全程引导,很多家长都无力为之。

第三,从产品投入上讲,由于低龄段内容需要以图传意,目前绘本插图的费用比较高,好的插图作家非常少,一套书在插图上的投入非常大,而且涉及反复修改,内部管理流程也会比较长。好的绘本要求的是不看字只看图也可以让儿童实现主要内容的理解跟随,这就要求在插图上投入更多的精力和时间。比如牛津大学出版社的绘本稿件,插图说明远远多于实际文字,是作者的主要创作部分。一篇不到百词的绘本稿件,经常要配上千词的插图说明,这个插图说明往往是原作者和编辑共同工作的成果。如果直接交给插图作者自己去构想,然后编辑进行建议修改,不行再让美编进行调整,这样效果往往不好,时间成本也比较高。

第四,从作者来源上讲,教育类内容的作者往往具有教育背景和学科背景,可以在教育场景下,完整地构建可以实现教育目标的内容,而童书作者往往是在语言运用上更贴近儿童的兴奋点,可以进行生动有趣的讲述。这两类作者在实践中很少统一在一个人身上,这就造成了出版机构寻找作者的难度。比如出版机构在构建一套儿童艺术类图书的时候,先找了童书作家,发现缺少高屋建瓴的知识高度,又找了一系列的专家,来作为整套图书的框架支撑,但是作家会感觉写作难度很大,最后需要多方找寻,博采众长,才能搭建合适的创作团队。

这些策划难点都是出版机构在做低龄儿童家庭教育内容时经常面对的,因此,要通过极具创意的产品设计方案和有力的团队支持合作,才能够解决这些难,有时甚至需要一点运气,这也是为什么市场上家庭教育产品很多,而面对家长旺盛的购买需求,叫好又卖座的家庭教育产品却不常见的主要原因之一。

二、故事是家庭教育场景的最好载体

听故事是很多人童年的美好回忆，也是家庭教育的重要场景。如果我们根据故事所表达的内容对故事进行简单分类，可能对于故事是家庭教育场景的最好载体，会有更清晰的理解。

首先，故事可以分为虚构类和非虚构类。由于低龄儿童的生活经历有限，对世界的认知还处于初级阶段，所以他们很难直接理解非虚构类故事中需要知识积累才能理解的各种元素。能够引起儿童兴趣的非虚构类故事，一般会对儿童的生活场景有一些触发，比如孩子在日常生活中看到了什么，并对所看到的内容产生兴趣，那么可以进行进一步的讲解。缺少生活触发场景的非虚构类故事，对低龄儿童的吸引力非常有限，除非家长能够以非常专业的角度去引领儿童学习，比如笔者一个朋友的孩子因为自己的爸爸是汽车工程师，所以对所有关于汽车的内容非常感兴趣。我们还可以通过实地参观博物馆，比如航天博物馆、自然博物馆等方式，让低龄段儿童保持兴趣。

其次，虚构类的故事也可以分为很多种，有历史神话类的，不一定以传达什么信息为目标，而是作为历史积淀下来的文化的一部分，成为孩子成长过程中的必要知识。比如中国孩子很少有不知道盘古开天、女娲补天、后羿射日这些故事的，西方孩子对圣经故事也是耳熟能详。不同民族都有不同的文化积淀，这些故事在每代儿童中都是被反复讲述的，也通过一代又一代的出版人给予符合当时儿童认知习惯的阐释。还有对历史文学名著的儿童版阐释，比如凯叔讲故事的《西游记》，受到很多小朋友的热爱。

最后，近年比较流行的是以 IP 人物为引导的故事内容。这些内容往往具有一定的教育属性，但是融入到了 IP 人物的故事中。比如《植物大战僵尸科学漫画》《小猪佩奇》《神奇校车》《大中华寻宝记》《小狗钱钱》，这些图书其实都有一定的知识教育属性，这些知识融入到主人公的有趣故事之中，在塑造主人公鲜明个性特征、构建主人公一系列生活场景的同时，实现了对知识的传达，由此成为儿童类图书的热卖品。"牛津阅读树"系列是一套基于牛津阅读分级体系的英语分级读物，在英国本土一般由老师指导使用，但是在国内的家庭学习市场也有非常好的表现，这与该系列读物设计的主人公——BIFF、CHIP、KIPPER 可爱的一家人有非常大的关系。在这个家庭场景下构建的故事，形成了与小朋友们日常生活密切相关的众多兴趣点。这类产品的主要人物与儿童之间产生了非常强的黏性，这种黏性代替了老师在课堂氛围中通过教学互动实现的引导属性，让孩子可以保持兴趣、持续学习。这些教育产品的魅力在于创作团队将有趣的人物和教育内容进行了非常好的融合，以孩子熟悉和感兴趣的虚构场景引入，保持了好的教育内容和生动有趣的故事两条线索的齐头并进，这在创作中是非常难得的，实现了创意属性和教育属性的统一，而家长们的热情反馈和市场销售的良好表现也反映了这些产品的成功。整体来看，对出版机构而言，上面的这些优良产品系列一旦建立，就可以源源不断地进行挖掘，甚至形成众多周边产品，其前期投入的回报是很高的，但需要注意的是，还要有好的创意团队，认真的协同操作，才能形成优秀的产品。

三、通过故事引导自主学习

家庭教育场景中，自主学习是个很重要的诉求。一方面，大多数家长由于时间和精力有限，希望通过购买家庭教育出版物，既让孩子提升知识，又不会占用自己大量的时间，而全程陪伴的家庭教育在大多数家庭是很难实现的，所以针对低龄儿童的故事要具有引导孩子进行自主学习的设计。另一方面，自主学习能力的养成对于孩子成长是非常重要的，是可以让其受益终身的良好学习习惯。好奇心可以引起自发的学习兴趣，而这种学习兴趣通过自主学习得到满足，会给孩子带来巨大的成就感，增强他们独立探索世界的自信。那么，如何通过故事引导自主学习？笔者认为，有几个必不可少的元素。

第一，趣味性。趣味性是前提，是牵引低龄儿童愿意打开阅读大门的力量。趣味性的产生依靠作者强大的想象力和高超的表达能力，这也是很难通过编辑的后期调整去实现大范围提升的部分。所以出版机构在选择作者的时候，首要重视这个能力，这是能够形成一套好产品的基础。趣味性的实现，不同作者有不同的方法，比如有的作者想象力很强，构建精彩故事的能力很强，那么就是以情节取胜，但是要注意儿童理解的精彩和成人的精彩是不同的。很多我们看上去傻傻的情节，小朋友会要求反复听，而一些我们觉得很精彩的情节，小朋友会难以获得笑点。具有丰富童书经验的作者，会控制得比较好，他们可以和儿童实现非常好的共情。我们曾经有一个关于缺氧的故事，内容顾问听起来觉得没问题，小朋友却觉得很恐怖，这影响了趣味性的激发，因为小朋友感觉被吓得不敢听；后来调整了之后，感觉情节变弱，小朋友反而更容易接受。

第二，逻辑性。很多童书创作忽视了对逻辑性的严格把关，如果要让低龄儿童通过虚构类故事实现自主学习，逻辑性其实是他们在无法全部掌握故事中提及的全部细节的时候，可以自主推理和猜测的依据。因为每个孩子的认知水平和生活经验各不相同，而家庭教育图书是面向广泛大众设计的，所以不同孩子会有在跟随故事时出现的知识盲区和表达盲区；他们通过自己的推理和猜测来把这些被盲区打成片段的内容连起来，才能保持对故事的兴趣；逻辑性也可以让他们对内容产生信任感，一旦逻辑性出现偏差，这个信任感就会被破坏。对系列图书来讲，这个逻辑性设计要贯穿全系列，比如一些场景中的逻辑性在不同故事中要统一。

第三，知识性。家庭教育产品的知识性也要依赖知识结构的完整设计，不能天马行空，随意搭配。优质家庭教育产品的知识体系与教科书知识体系的构建在严谨性和完整性上有同样的水平要求，甚至因为缺少了教师的补充，要求会更高。因为家长希望孩子掌握的是严谨的知识体系，凌乱的知识点是非常容易被遗忘的，只有形成知识体系，孩子才有更大可能强化自己的探究能力。但是一个完整的知识体系很难在每个点上都能保证趣味性，比如牛津大学出版社规划中的科学故事系列将覆盖儿童日常高频接触到的五大主题、90个知识主题，都通过主人公侃侃和闪闪有趣的故事展现出来。在构建过程中，有一些故事很容易构建，比如动植物王国，知识点本身就很有趣，有一些故事就数易其稿，才能将知识点本身跟虚构场景故事关联起来，形成有趣的故事。在这个时候，清晰的"BIGQUESTION"就成为非常重要的依据，避免偏题跑题。

四、通过故事促进综合素质提升

与各类教育机构中的分科教育不同，在家庭场景下的教育产品，没有严格的分科教学概念。虽然会有知识侧重点，但是能够促进孩子综合素质提升的产品，更受到孩子和家长的喜欢，也符合国家鼓励的方向。

目前很多大型出版机构按年龄段分编辑部的方式，要求编辑们要有很强的知识综合能力，而不能只擅长某个学科。比如通过科学故事，孩子们可能学到排比句、新成语，情感启蒙故事也往往充满科学性，所以越是低龄段的产品设计，越要重视跨学科的综合素质提升。

听故事一个非常重要的益处是可以刺激儿童的想象力，而儿童的想象力不是以学科为导向的，而是通过他们自身认知融合产生的。所以出版机构在设计具有教育属性的故事时，切忌严格限制在回答学科问题上。讲故事不是跑步竞赛，不是最短路径就是最好。直奔主题，回答问题的方式，往往没有办法循序渐进地引导儿童有兴趣自主学习。有的编辑把一些他们眼中的废话全删掉，作品的吸引力也可能随之流失。从故事的载体形式上，绘本受到家长和孩子的喜欢，图文并茂的产品可以帮助孩子更好地掌握故事内容，可以让孩子反复翻阅，还可以让孩子同时认字和学习语言。听书很受欢迎，因为孩子们听故事的认知能力远远超过文字阅读的能力，孩子可以通过听故事，掌握更长篇幅的内容和更复杂的知识；通过讲故事的大咖们绘声绘色的讲述，可以进一步激发起孩子对内容的强烈兴趣。故事类的教育内容比较适合改造成动画、游戏和教育小程序，由于家长比较担心孩子用眼过度，一般会控制电子产品的使用时间。在孩子获得的有限的电子产品使用时间里，他们比较希望用来玩游戏和看小视频，更纯粹地"玩"，但是其实也是在不停地补充知识。比如很多小朋友知道玻璃是融化的砂子做成的，就是从玩一个著名的游戏中获得知识。所以出版人不要认为家庭教育产品只是书，反而应该在构建产品的时候，考虑到核心内容做其他形式拓展的可能性，甚至以其他形式的内容作为初始产品进行策划。

以上是笔者关于构建寓教于乐的家庭教育产品的心得体会，希望给更多的出版人以启发。

（文章原载《出版广角》，2021年第21期）